AF245712

Histoire de la Corse

46504

8° LK²
3012

OUVRAGES HISTORIQUES DU MÊME AUTEUR

Histoire de la Corse. Paris, 1890 (Bayle, éd.), *épuisé.*

Armorial Corse. Paris, 1892 (Jouve, éd.).

Evêques de la Corse inconnus d'Ughelli et ne figurant pas aux *Series Episcoporum.* Paris, 1895 (E. Leroux, éd.).

La Vérité sur les Bonaparte avant Napoléon. Paris, 1899 (Jouve, éd.).

La Réunion définitive de la Corse aux États de la commune de Gênes. Gênes, 1900, *épuisé.*

Notes critiques sur Gênes et la Corse. Gênes, 1900.

Les Origines de la rivalité des Pisans et des Génois en Corse. Gênes, 1901.

Les De Ferrari d'après le manuscrit de Della Cella. Gênes, 1900.

Le Nid de l'Aigle, Napoléon, son foyer, sa patrie, sa race, d'après des documents inédits. Paris, 1905 (*Librairie Universelle*).

Les Maisons historiques de la Corse, Les Peres. Paris, 1894 (Jouve, éd.).

Les Seigneurs d'Ornano et leurs des cendants. Paris, 1899 (Jouve, éd.).

Mémoire historique sur la famille Pozzo di Borgo. Gênes, 1902.

Généalogie de la famille Pozzo di Borgo. Gênes, 1903.

Pour paraître prochainement

La Vendetta dans l'histoire. (Collection Guyot).

Le Livre d'Or de la Corse. Giudice de Cinarca, Sampiero Corso. (Bibliothèque régionaliste), (Blond et Cie, éd.).

Une race génoise. Les De Ferrari, ducs de Galliera, princes de Lucedio, ducs de Ferrari. (Jouve, éd.).

COLONNA DE CESARI ROCCA

Histoire
de la
Corse

Écrite pour la première fois d'après

les sources originales

PARIS

BONVALOT-JOUVE, ÉDITEUR

15, RUE RACINE, 15

A LA MÉMOIRE

DE

CHARLES-JEAN, comte POZZO DI BORGO
député de la Corse.

Ce livre est dédié
En témoignage de reconnaissance

C. C. R.

Il n'y a pas de pays en Europe dont l'histoire soit plus mal connue que celle de la Corse ; pas de départements français dont les monuments aient été plus négligés, dont les archives soient plus dispersées. Le passé en a été traité avec une stupéfiante légèreté ; les travaux modernes, tout autant que les anciens, abondent en anachronismes, en textes apocryphes, en citations inexactes. Tous ces ouvrages d'ailleurs ayant été copiés les uns sur les autres, sans que les auteurs aient rapproché les traditions des monuments et des textes originaux, les erreurs n'ont fait que croître en nombre et en importance. Les monographies succinctes des grands recueils modernes (Larousse, Grande Encyclopédie, etc.) se sont faites l'écho de ces erreurs et les ont répandues dans le monde entier. Certaines d'entre elles portent atteinte à l'histoire générale de l'Europe. N'invoque-t-on pas encore à l'appui des origines de la féodalité corse un faux texte d'Alcuin, œuvre d'un prêtre du xviie siècle. Ne lisons-nous pas dans des ouvrages très récents que la révolution communale de Sambocuccio d'Alando (vivant au xive siècle) se produisit en 1007 ! Ne se sert-on pas encore pour l'histoire de cette époque (1007) de chartes antidatées de deux siècles et dont il est facile aujourd'hui d'apprécier la véritable portée !

Dans son ensemble, la chronographie corse du moyen âge est, chez les auteurs réputés les plus sérieux, entachée d'erreurs portant d'un siècle sur l'autre. Les détails ne sont pas plus précis : qu'il s'agisse de Giudice, de Sambocuccio ou de Sampiero, les historiens les mettent en contact avec des personnages qui furent à peine leurs contemporains. Les rares documents utilisés par les historiens sont datés de styles différents : il en est résulté pour ceux qui s'en sont servis de graves méprises.

Le rôle considérable joué par la Corse dans l'histoire politique de l'Europe semble avoir échappé à nos devanciers. Cependant, Rome, Gênes, Pise, l'Espagne, la France se la disputent. Elle est, pour la seule république de Gênes, la cause de six siècles de luttes. C'est pour sa possession que se ruine la république pisane, après cent soixante années de guerres. Les rois d'Aragon s'acharnent plus longtemps encore. Au xvi⁰ siècle, la Corse devient une première fois française. Les uniformes allemands, italiens, anglais, français foulent son sol au xviii⁰ siècle. La pacification de 1798 met fin à son rôle politique.

Vingt années de recherches en Italie, en France et en Espagne m'ont permis de recueillir un très grand nombre de documents sur la Corse. Sans avoir la prétention de donner un ouvrage définitif, j'ai cru utile de préciser l'histoire telle qu'elle résulte de ses bases scientifiques. Sans repousser complètement la légende, je ne lui ai emprunté que ce qui était nécessaire pour l'histoire de la formation et de l'évolution des idées. Enfin j'ai tenu à marquer nettement le rôle de la Corse dans la politique extérieure de façon à présenter non seulement un manuel de connaissances locales ; mais une page modeste de l'histoire universelle.

COLONNA DE CESARI ROCCA

PRÉFACE

Il n'y a pas de pays en Europe dont
l'histoire soit plus mal connue que celle de
la Corse ; pas de département français
dont les monuments aient été plus négligés, dont les archives soient plus dispersées.
Le passé en a été traité avec une stupéfiante légèreté ; les travaux modernes tout
autant que les anciens abondent en anachronismes, en textes apocryphes, en
citations inexactes. Tous ces ouvrages
d'ailleurs ayant été copiés les uns sur les
autres, sans que les auteurs aient rapproché
les traditions des monuments et des textes
originaux, les erreurs n'ont fait que croître
en nombre et en importance. Les monographies succinctes des grands recueils
modernes (Larousse, *Grande Encyclopédie*, etc.) se sont faites l'écho de ces erreurs
et les ont répandues dans le monde entier.
Certaines d'entre elles portent atteinte à
l'histoire générale de l'Europe. N'invoque-

t-on pas encore à l'appui des origines de la féodalité corse un faux texte d'Alcuin, œuvre d'un prêtre du XVIIe siècle. Ne lisons-nous pas dans des ouvrages très récents que la révolution communale de Sambocuccio d'Alando (vivant au XIVe siècle) se produisit en 1007 ! Ne se sert-on pas encore pour l'histoire de cette époque (1007) de chartes antidatées de deux siècles et dont il est facile aujourd'hui d'apprécier la véritable portée !

Dans son ensemble, la chronographie corse du moyen âge est, chez les auteurs réputés les plus sérieux, entachée d'erreurs portant d'un siècle sur l'autre. Les détails ne sont pas plus précis : qu'il s'agisse de Giudice, de Sambocuccio ou de Sampiero, les historiens les mettent en contact avec des personnages qui furent à peine leurs contemporains. Les rares document utilisés par les historiens sont datés de styles différents : il en est résulté pour ceux qui s'en sont servis de graves méprises.

Le rôle considérable joué par la Corse dans l'histoire politique de l'Europe semble avoir échappé à nos devanciers. Cependant, Rome, Gênes, Pise, l'Espagne, la France se la disputent. Elle est pour la seule république de Gênes la cause de six siècles de luttes. C'est pour sa possession que se ruine la République pisane, après cent soixante années de guerres. Les rois d'Aragon s'acharnent plus longtemps encore. Au xvie siècle, la Corse devient une première fois française. Les uniformes allemands, italiens, anglais, français foulent son sol au xviiie siècle. La pacification de 1798 met fin à son rôle politique.

Vingt années de recherches en Italie, en France et en Espagne m'ont permis de recueillir un très grand nombre de documents sur la Corse. Sans avoir la prétention de donner un ouvrage définitif, j'ai cru utile de préciser l'histoire telle qu'elle résulte de ses bases scientifiques. Sans repousser complètement la légende, je ne lui ai emprunté que ce qui était nécessaire pour l'histoire de la formation et de l'évolution des idées. Enfin j'ai tenu à marquer nettement le rôle de la Corse dans la politique extérieure de façon à présenter non seulement un manuel de connaissances locales, mais une page modeste de l'histoire universelle.

COLONNA DE CESARI ROCCA

I

Généralités géographiques. — Division physique et politique. — Temps préhistoriques. — Les Grecs en Corse. — Influence étrusque (1).

Généralités géographiques.—Division physique et politique. — La Corse a la forme d'une ellipse irrégulière dont le grand axe longitudinal, dirigé du nord au sud, mesure 182 km. 885 ; la longueur du petit axe (de l'est à l'ouest) est de 84 km. 333. La superficie de l'île est de 874.741 hectares.

La Corse est distante de la Sardaigne de 8 kilomètres ; de l'Italie (de Bastia à Piombino) de 80 km. ; de la France (de Calvi à Antibes) de 180 km. ; de l'Afrique (d'Ajaccio à Bône) de 460 km. ;

---

1. SOURCE NARRATIVE : Hérodote.
OUVRAGES : Dr A. Fallot, *Recherches sur l'indice céphalique de la population corse.* — Dr Mattei, *Annales de Corse.*

de l'Espagne (d'Ajaccio à Barcelone) de 600 kilomètres.

La Corse est un pays de montagnes ; ces montagnes, dont la moyenne d'élévation est supérieure à 2.000 mètres, sont couvertes de neige pendant la moitié de l'année. Leurs pentes très rapides permettent d'embrasser du regard les plaines, les forêts et les vallées en général très fertiles et arrosées par un grand nombre de cours d'eau.

Quand on jette les yeux sur une carte de la Corse, il semble à première vue que le système orographique de l'île ne forme qu'un chaos de montagnes aux pentes diversement inclinées ; « mais un examen attentif y fait découvrir une chaîne principale qui forme la charpente de l'île et à laquelle viennent se rallier une foule de chaînons secondaires » (1). Quiconque veut se rendre compte du passé de la Corse ne doit jamais perdre de vue cette division physique qui a eu sur son histoire une influence considérable. Les quelques recherches archéologiques exécutées dans

---

1. JOANNE. *Géographie de la Corse.*

l'île ont déjà démontré qu'en des temps très anciens, deux éléments d'origine différente se partageaient la Corse. Au moyen âge, cette division, légèrement modifiée au nord, devint politique, et longtemps l'*Au-delà-des-Monts* (versant occidental) resta terre féodale, alors que l'*En-deçà-des-Monts* (versant oriental) était régi à la façon des communes italiennes assujetties aux grandes républiques.

Temps préhistoriques. — Dans l'En-deçà-des-Monts, comme en Italie, on ne découvre aucune trace de *l'âge de la pierre*. Sur le versant occidental, au contraire, on trouve des dolmens, menhirs (*stazzone*), des armes et outils de pierre, indices probables d'une civilisation antérieure à l'agriculture, à la fonte des métaux et à la navigation, ce qui semblerait indiquer que cette partie de l'île aurait été à l'origine reliée au continent et habitée par des peuplades qui y seraient venues à pied sec.

Suivant Denys le Périégète, les habitants de la Corse appelaient leur île *Corsida*. Les Grecs lui donnent le nom de Κυρνος. Les Latins l'écrivent *Corsica*.

On a donné de ces noms des étymologies peu satisfaisantes. La racine κυρ se rapporte en grec à tout ce qui est courbé et la forme de l'île put lui valoir cette appellation.

Les études anthropologiques faites sur les Corses s'accordent à reconnaître le type méditerranéen occidental comme prédominant. L'ensemble des formes craniennes répond assez bien à celles de la race à qui sont attribués les dolmens du sud de la France. Sans nous arrêter à des considérations qui sont plus du domaine du naturaliste que de l'historien, il nous est permis de croire que la race primitive se rattache aux anciens Ibères (1) ; qu'avec le temps, les Phéniciens, les Carthaginois, les Liguriens et les Ibériens y fondèrent de petites colonies, mais qu'aux Grecs il faut attribuer les premières tentatives de civilisation.

Les Grecs en Corse. — Influence étrusque. — Suivant Hérodote, en l'an 217 de Rome (562 av. l'ère vulgaire), les Phocéens vaincus par Harpage, lieutenant de Cyrus, s'enfuirent en Corse où ils possé-

---

1. Des caractères communs aux Corses, aux Basques et aux Berbères du nord de l'Afrique ont été souvent signalés. M. OREDENARE (*Bulletin de la Société d'anthropologie de Paris*) fait différents rapprochements entre les Corses et les Albanais. Il signale entre autres le puissant esprit de clan et la rare aptitude à asservir et dominer les populations au milieu desquelles ils se sont introduits.

daient déjà la ville d'Alalia (Aleria) ; mais, comme ils ravageaient et pillaient les habitations de leurs voisins, les Etrusques et les Carthaginois mirent à la mer cent vingt vaisseaux pour les déloger. Les Phocéens avec soixante galères vinrent à leur rencontre et une bataille navale, la plus ancienne que mentionne l'histoire, décida du sort de la colonie. Les Grecs s'attribuèrent la victoire, mais ils la payèrent si chèrement qu'ils jugèrent dangereux d'en profiter. Ils retournèrent à Aleria et prenant avec eux tout ce qu'ils possédaient, ils abandonnèrent la Corse. Pour se venger, les Etrusques de Cære (ville d'Etrurie située en face d'Aleria) lapidèrent les prisonniers.

Les résultats de l'alliance militaire (συμμαχια) des Etrusques et des Carthaginois furent la soumission rapide des îles méditerranéennes. Aleria, Nicæa et avec elles une partie de la Corse tombèrent au pouvoir des Etrusques qui leur imposèrent un tribut en poix, en cire et en miel.

L'influence étrangère à partir de cette époque se fait sentir en Corse, sans discontinuité, principalement sur le versant qui fait face à l'Italie. La race résiste davantage à l'absorption italienne dans l'Au-delà-des-Monts et plus remarquablement encore dans le centre montagneux de l'île où le type cranien, absolument distinct des types celtes et ligures, présente encore aujourd'hui une rare homogénéité.

II

Expéditions de Romains en Corse. — La
Corse romaine (1).
(495 de Rome — 450 ère moderne)

Expéditions des Romains en Corse.
— La crainte de voir les Carthaginois
faire de la Corse une place d'armes redou-
table contre l'Italie, attira l'attention des
Romains sur cette petite île dont la conquête devait durer un siècle et imposer au
peuple-roi dix expéditions.

1° L'an de Rome 495, L. Cornelius Scipion débarqua de nuit dans l'étang de
Diane (2) et mit le siège devant Aleria qu'il
comptait enlever par surprise. Contraire-

1. SOURCES NARRATIVES : Diodore de Sicile, Tite-Live, Strabon, Valère-Maxime, Pline l'Ancien, Tacite, Florus, Pausa-
nias, Strabon, Pomponius Mela.

RECUEIL : Mommsen, *Corpus inscriptionum latinarum.*

OUVRAGES : Rospatt, *De Corsica insula a Romanis capta.* —
Lafaye, *Quelques inscriptions des Bouches-du-Rhône et de la
Corse.* — Esperandieu, *Inscriptions antiques de la Corse.*

2. L'étang de Diane, à trois kilomètres sud d'Aleria, est l'ancien port de la ville, que Ptolémée appelait Ἀρτεμιδος λίμην.

ment à son attente, Aleria résista longtemps et le consul s'en vengea en détrui-
sant la ville.

En 518 Rome en hostilité avec les Ligures, décide une descente en Corse. Licinius
Varus, chef de l'expédition, ne pouvant, à
cause du nombre restreint de ses vaisseaux,
faire traverser la mer Tyrrhénienne à son
armée entière, envoya un premier corps,
sous les ordres de M. Claudius Clineas, ancien consul. Ce général était alors en disgrâce parce qu'il avait livré bataille contre
l'avis des augures, et commis un sacrilège
en faisant étrangler des poulets sacrés.
Dans le but de reconquérir sa popularité
par une victoire, il n'attendit pas l'arrivée
de Licinius pour entrer en lutte avec les
Corses qui le battirent et le contraignirent
à signer un traité honteux pour le peuple
romain. Mais Licinius Varus, ne tenant
aucun compte d'une paix que son lieutenant avait négociée sans pouvoirs, surprit
les Corses, les battit et conquit assez rapidement une partie de l'île. De retour à Rome,
fier de sa victoire, Licinius sollicita les honneurs du triomphe qui lui furent refusés.
Quant à Clineas le Sénat le livra aux Corses
dans l'espoir que ceux-ci feraient justice

de l'homme dont la parole avait été pro-
testée ; mais les insulaires en jugèrent
autrement, et après avoir délibéré, le renvoyèrent indemne. Rappelé à Rome l'imprudent officier fut condamné à mort.

3° Deux ans après, une double révolte
éclata en Corse et en Sardaigne. Spurius
Carvilius, après quelques succès, dut abandonner la Corse pour voler au secours de
son collègue Albinus dont les troupes se
faisaient battre par les Sardes. Carvilius
fut trop heureux de pouvoir tirer l'armée
romaine de ce mauvais pas. L'année suivante, les consuls M. Emilius Lepidus et
Publicius Malleolus, à la tête de plusieurs
légions, opérèrent une descente en Sardaigne ; mais ils se contentèrent de ravager
les villes des côtes et de les piller. A leur
retour une tempête les assaillit et les força
de prendre terre en Corse ; les habitants
de l'île, que la ruine des villes sardes avait
rendus vigilants, massacrèrent les soldats
romains et s'emparèrent du butin que
ceux-ci remportaient de la Sardaigne.

4° Le sénat résolut de tirer vengeance
des rebelles. En 526, il délégua le consul
C. Papirius Maso qui, grâce à la bonne
discipline de ses troupes, triompha des

Corses dans la plaine, mais commit l'imprudence de les suivre dans les montagnes. Décimée par la faim et par la soif, l'armée romaine se trouvait exposée sans défense aux traits des Corses qui la harcelaient de toutes parts. Le consul dut parlementer avec les insulaires, leur offrant la paix à des conditions que les historiens ne nous ont pas transmises, mais qui procurèrent, de part et d'autre, une tranquillité durable. Papirius obtint à son retour les honneurs du triomphe.

5° Il est probable qu'il y eut en Corse, vers 533, un soulèvement partiel, car les historiens de Rome racontent que Servilius, chargé de défendre les côtes d'Italie menacées par les Carthaginois, fit, avec cent vingt navires, le tour de la Corse et qu'il exigea des otages.

6° En 572, les Corses se révoltèrent, mais ils ne purent résister au préteur de Sardaigne, M. Pinarius Posca qui, dans une rencontre, leur tua deux mille hommes. Il exigea de l'île cent mille livres de cire et des otages.

7° La paix dura sept ans ; un nouveau soulèvement s'étant produit (579), Attilius Servatus, préteur en Sardaigne, crut avec une légion, triompher facilement, des Corses ; mais il fut battu, et forcé de s'enfuir dans sa province.

8° C. Cicerius remplaça Attilius qui avait demandé du secours à Rome. La défaite des Corses fut sanglante, Tite-Live rapporte que sept mille d'entre eux restèrent sur place et qu'on leur fit mille sept cents prisonniers. Le sénat leur accorda la paix ; mais, cette fois, ils durent s'engager à livrer deux cent mille livres de cire. Le préteur avait fait vœu d'élever un temple à Junon Moneta s'il remportait la victoire.

9° En 590, nouvelle révolte. Le sénat exaspéré envoya le consul M. Juventius Thalna avec une armée formidable. Aucun historien ne nous a laissé de détails sur cette expédition qui devait donner de sérieuses inquiétudes aux Romains, puisqu'à la nouvelle de ses succès on décréta des prières publiques. En apprenant quelle importance Rome attachait à sa victoire, Thalna ressentit tant de joie qu'il en mourut subitement.

10° La mort de Thalna dut laisser le champ libre aux rébellions. Sans en mentionner aucune Valère Maxime nous apprend que Scipion Nasica quitta la Sardaigne pour venir continuer de pacifier la Corse (591 de Rome ; 162 av. J.-C).

De ce jour, la Corse fut, sinon réduite en province romaine, du moins placée sous le protectorat du peuple romain. Pour arriver à ce résultat, il avait fallu un siècle à cette nation accoutumée à vaincre les plus puissants adversaires.

De tous les généraux envoyés, un seul obtint les honneurs du triomphe. Ce fut Papirius Maso : sa joie et sa fierté furent telles qu'il ne parut plus aux jeux du cirque sans sa couronne de laurier. Cicéron raconte qu'il divinisa une fontaine et lui éleva un temple en commémoration de sa victoire.

La Corse romaine. — Une fois soumise, la Corse n'attira pas immédiatement les regards des Romains. Ce fut seulement vers 660 de Rome que Marius y établit une colonie. La nouvelle ville appelée Mariana du nom de son fondateur fut élevée au rang de cité romaine et ses habitants reçurent droit de vote.

Ce fut probablement pour contrebalancer l'influence de son rival, que Sylla releva de ses ruines Aleria, jadis détruite par

Scipion. La situation périlleuse de cette ville exposée au premier coup des armées romaines en cas de soulèvement, en avait éloigné les indigènes. Le dictateur y appela les plus dévoués de ses vétérans et dota la nouvelle colonie du même privilège.

Comme la Sardaigne et la Sicile, la Corse devint bientôt l'un des greniers de Rome. Pline y compte trente-trois cités dont plusieurs fort commerçantes. Cette époque est la seule où l'île put jouir de quelque tranquillité : c'est alors, apparemment, que Diodore de Sicile vécut chez les Corses dont il devait laisser un témoignage si flatteur (1).

Après la mort de César, la Corse échut en partage à Octave ; Mais Pompée le Jeune ne tarda pas à s'en emparer. Il consacra la possession par un traité, et employa les bois du pays à augmenter sa flotte. La tyrannie qu'exerça sur les Corses Menedorus, son lieutenant, fut telle que

---

1. « Les Corses, dit-il, observent les règles de la justice et de l'humanité mieux que tous les autres barbares. Le miel de leurs montagnes appartient sans contestation au premier qui le trouve. Les brebis marquées d'un signe paissent librement sans gardien. L'équité préside, d'une façon admirable, à tous les actes de leur vie. »

Pompée dut lui demander compte de son administration. Menedorus se tira d'affaire en passant au parti d'Octave à qui il livra la Sardaigne et la Corse. Il entraînait avec lui trois légions et soixante vaisseaux.

Pompée sollicita d'Octave la restitution des deux îles, mais ce fut en vain : il fallut en venir aux armes. Pompée, battu sur mer, laissa l'empire aux triumvirs. La Corse subit dès lors le sort des autres provinces romaines.

Sous l'empereur Claude, Sénèque soupçonné, non sans raison, d'être l'amant de Livilla, veuve de Domitien et sœur de Caligula, fut relégué en Corse.

Pendant qu'Othon et Vitellius se disputaient l'empire, la province Corse et Sardaigne suivit d'abord, avec l'Italie, le parti d'Othon ; mais, le procurateur Decimus Pacarius résolut d'aider Vitellius des forces

---

1. On raconte que ce philosophe qui ne réglait pas ses actes sur la morale de ses écrits, renouvela en Corse le scandale qui avait motivé son exil, et que les habitants lui infligèrent un châtiment corporel dont le souvenir lui inspira un célèbre distique où s'exhala toute sa colère :

Prima est ulcisci lex, altera vivere rapto.
Tertia mentiri, quarta negare Deos.

Mais les deux vers sont apocryphes, et la tour de Sénèque date du moyen âge. Que reste-t-il de la légende ?

de la Corse. Il convoque les principaux de
l'île, et leur expose son dessein. Claudius
Phirricus, triarque des galères qui s'y trouvaient en station, et Quinctius Certus,
chevalier romain, osent le contredire ; il les
fait mettre à mort. Terrifiée par cette exécution la foule inconsciente prête serment
à Vitellius ; mais Pacarius, ayant voulu
lever des troupes et les dresser aux manœu-
vres, les Corses se rendirent compte de leur
propre force et de la faiblesse du procurateur dont l'audace avait causé tout le succès. Ils l'égorgèrent dans son bain et massacrèrent ses partisans. « Les meurtriers,
dit Tacite, ne furent ni récompensés par
Othon, ni punis par Vitellius, et dans
cette prodigieuse confusion de toutes choses, ils restèrent oubliés au milieu de
plus grands criminels. »

Il est rare que les historiens latins se
soient occupés d'un peuple du jour où il
était soumis ; c'est pourquoi, réunit-on à
grand'peine quelques documents sur la
Corse, province de Rome, documents auxquels viennent s'ajouter de rares découvertes archéologiques. Les quelques inscriptions recueillies en Corse nous apprennent
que, sous le gouvernement de Vespasien,

les Vanacini, habitants d'une cité proche de Mariana, reçurent du procurateur Publius Memorialis des territoires qui leur furent contestés par leurs voisins, et qu'un autre procurateur, Claudius Clemens, fut chargé de les mettre d'accord peu d'années après. Il n'y a pas de doute, dit Mommsen, que de l'an 6 à l'an 66 de notre ère, les deux îles (de Corse et de Sardaigne) aient été administrées par un seul procurateur. « Suivant Pomponius Mela, ajoute-t-il, la Corse, si l'on en excepte les territoires occupés par les colonies d'Aleria et de Mariana, était habitée à l'époque romaine par des Barbares (1), et cette opinion, émise aussi bien par Diodore que par Strabon, est confirmée par l'absence même des documents. » (2). A son tour M. Georges Lafaye demande judicieusement, si de consciencieuses recherches n'enrichiraient pas le recueil des inscriptions de la Corse qui fait si triste figure dans le *Corpus inscriptionum*. Pour ce qui est du gouvernement des deux îles par un seul procurateur,

---

1. Ne pas oublier que par Barbares les Romains désignaient tous les peuples restés en dehors de leur civilisation.
2. Id tituli stabiliunt eo ipso quod absunt, CIL, X.

Mommsen rappelle que Strabon ne les compte que pour *une* province du Sénat.

Sous l'empereur Commode, l'île cessa de constituer une partie de la province prétorienne *Sardaigne et Corse*, et fut placée sous la direction d'un seul *procurateur*. De récentes découvertes ont permis d'établir d'une façon à peu près certaine qu'à cette époque Aleria et Mariana furent d'importantes stations de la flotte de Misène instituée par Auguste et qu'ainsi « les Romains tirèrent un grand parti pour leur marine de la situation toute particulière de cette île féconde en excellents soldats et en habiles matelots ».

A partir de Constantin, la Corse, classée parmi les provinces de l'empire d'Occident, fut administrée par un « *præses* » ou président et fit partie du diocèse d'Italie.

III

Invasions des Barbares. — Domination byzantine. — Formation du pouvoir temporel. — Saint Grégoire le Grand. — Donation de la Corse au Saint-Siège.

(456-808)

Invasions des Barbares. — Les premières invasions des Barbares conduisirent en Corse un certain nombre de familles romaines (456). Peu après l'île fut envahie par Genséric, roi des Vandales, qui, chassé une première fois par Ricimer (458), lieutenant de l'empereur Avitus, une seconde fois par le comte Marcellianus, gouverneur de la Sicile pour l'empereur d'Orient, repa-

---

Sources narratives : Claudien, *De bello Getorum*. — Procope, *De bello Vandalium, De bello Gothorum*. — Victor Uticensis, *De Persecutione Vandalium*.

Recueils : Jaffé, *Regesta pontificum romanorum*. — Tola, *Codex diplomaticus Sardiniæ*.

Ouvrages : Diehl. *Etude sur l'administration byzantine dans l'exarchat de Ravenne*. — Rambaud, *L'Empire grec au x⁴ siècle*. — Duchesne, *Liber Pontificalis*. — Calisse, *Il governo dei Bizantini in Italia*. — Dove, *Corsica und Sardinien in dem Schenskungen an die Papste*.

rut à la mort de ce dernier et se rendit rapidement maître des trois îles de la Méditerranée. Pour se venger de la vive résistance qu'il avait rencontrée en Corse, il en persécuta les habitants, parce qu'ils appartenaient au culte orthodoxe. Entre tous les martyres, celui de sainte Julie est resté le plus célèbre ; elle partage la popularité de sainte Lurine et de sainte Dévote, martyrisées au siècle précédent, époque à laquelle probablement le christianisme s'introduisit dans l'île.

Les Hérules, sous la conduite d'Odoacre, se rendirent maîtres de la Corse en même temps que de l'Italie. En 534, Cyrille, lieutenant de Bélisaire, les expulsa entièrement. Mais le joug byzantin n'étant pas plus doux que celui des Barbares, Totila, roi des Goths, n'éprouva aucune peine à occuper la Corse. En 532, Narsès réunit de nouveau les îles à l'empire, et y laissa comme gouverneur Longin dont les excès dépassèrent tous ceux de ses prédécesseurs.

Jusqu'aux premiers temps de l'époque carolingienne, la Corse, la Sardaigne et la Sicile durent continuer à faire officiellement partie de l'Empire ; mais les faits politiques auxquels elle fut mêlée se résument en peu de mots. La révolte d'un ministre byzantin, Myrsize, qui se fait proclamer empereur dans les îles de Corse, de Sardaigne et de Sicile, et la soumission de ces pays par l'empereur Constantin Pogonat : tels sont les seuls événements dignes d'être notés en cette période.

Domination byzantine. — La constitution qui présida aux destinées de l'Italie sous le gouvernement byzantin ne fut pas l'effet d'une loi, d'un rescrit de l'empereur ou d'un décret de l'exarque, mais elle résulta des conditions du pays, des événements de la guerre et surtout des moyens employés par les Byzantins pour achever la conquête et satisfaire leur soif effrénée de jouissance et de lucre (1).

La Corse et la Sardaigne faisaient partie de l'exarchat d'Afrique, mais dans la constitution de Justinien (534) la Corse ne fut même pas nommée.

Plus tard, Constantin Porphyrogénète, énumérant ses vassaux italiens, ne nomme que l'archonte de Sardaigne.

---

1. C. Calisse. *Il governo dei Bizantini in Italia,* dans la « Rivista Storica Italiana », 1885.

Les îles, redevenues ce qu'elles étaient avant Commode, formaient la province de Sardaigne dont le nom seul subsistait. La Corse était une « *insularum Sardiniæ* » ; pour l'organisation ecclésiastique, même observation. L'opinion à ce sujet était si généralisée qu'un écrivain arabe, du IXᵉ siècle, Ibn Hordadbeh, décrivant l'empire byzantin, cite parmi les douze patrices le patrice de Sardaigne qui commande *les îles de la mer*.

Si l'on en croit les lettres de saint Grégoire le Grand, la tyrannie exercée par les fonctionnaires de Byzance sur les pays italiens, et particulièrement la Corse, dépassa toute mesure. Quiconque détient un commandement veut renforcer son autorité administrative d'une fortune territoriale qu'il accroît par les moyens les plus éhontés. Les charges et les honneurs sont vendus à qui les peut acquérir, — ce sont généralement de vains titres empruntés aux hiérarchies en usage à Byzance ; groupés sous le nom générique de *consules*, ces dignitaires revêtus de charges auliques sont les plus gros propriétaires indigènes ; les autres, plus ambitieux, achètent les fonctions locales et entrent dans les cadres administratifs de l'empire, ce sont les juges ou αρχοντες. Pour payer les faveurs dont ils sont l'objet, ils sont autorisés à lever les taxes les plus arbitraires et ces catégories diverses de tyrans réduisent les Corses à une misère telle que, pour acquitter leurs impôts, ceux-ci sont contraints, dit saint Grégoire, de vendre leurs propres enfants. Ces magistrats, byzantins ou indigènes, autorisent les païens à exercer leurs rites moyennant finances. La détresse est à son comble ; et l'exaspération populaire longtemps contenue éclate enfin. A Ravenne, à Naples, à Rome des soulèvements se produisent ; de certains points de la Corse les habitants s'enfuient auprès des Lombards dont la barbarie païenne leur paraît préférable à l'oppression de leurs coreligionnaires d'Orient.

Formation du pouvoir temporel.—Saint Grégoire le Grand. — C'est dans ce milieu favorable que naît et se développe lentement mais sûrement le pouvoir temporel.

Aux ive, v[e], vi[e] siècles les empereurs avaient doté l'Eglise romaine de biens situés sur différents points des pays italiens, notamment de la Corse. Ces fonds de terre ou *massæ* constituaient dans leur ensemble une circonscription dite *patrimoine*.

En Corse, un agent ecclésiastique appelé *défenseur* ou *notaire* est préposé par le pape à la régie de ces biens, constamment accrus par la libéralité des souverains et des fidèles. L'administration des *massæ* est entre les mains des *conductores*, ou fermiers à bail. « Sans doute sur ces terres, dit M. Diehl, l'évêque de Rome n'exerce d'autres droits que ceux d'un propriétaire soumis comme tout autre aux lois de l'état ; mais, par l'immense revenu qu'il en retirait et l'usage charitable qu'il en faisait, il acquérait une influence toujours croissante ; par les intendants qu'il entretenait, il faisait sentir bien au delà du *patrimoine* son action et son contrôle. » En effet en étendant la compétence des *défenseurs* et des *notaires*, en leur attribuant la haute surveillance du clergé et des évêques, saint Grégoire jeta les fondements du pouvoir temporel.

En Corse l'action du pape est constante : ses lettres non seulement nous dépeignent l'état lamentable de l'île, mais encore y cherchent un remède.

Il en appelle à l'empereur des exactions

qui sont commises par ses officiers. Par lui le patrice d'Afrique, Gennadius, est invité à veiller à la sûreté du pays que menacent des invasions d'infidèles. Un gouverneur de la Corse, le tribun Anastase, « qui avait su gagner les cœurs par la sagesse de son administration » est signalé au tétrarque comme utile au pays. A Boniface, *défenseur* de la Corse, il reproche de ne pas hâter l'élection des évêques ; il lui recommande de protéger les pauvres et de ne pas permettre qu'un *évêque soit traduit devant les tribunaux laïques* : c'est là une affirmation d'indépendance à l'égard des empereurs et de patronage vis-à-vis des peuples disposés déjà à courir au-devant de cette autorité paternelle et bienfaisante.

Donation de la Corse au Saint-Siège. — Telle est l'origine des droits si contestés du Saint-Siège sur la Corse. Les invasions des Lombards et les incursions sarrasines donnèrent aux papes l'occasion d'en revendiquer la possession. En 757, Adrien appelant à son aide Pépin le Bref contre les Lombards lui demande de lui faire restituer ses *patrimoines* et le roi franc s'engage à Quiercy à donner la Corse au Saint-Siège. Une lettre de Léon III en 808 nous apprend que Charlemagne avait renouvelé l'engagement pris par son père.

Longtemps mise en doute par les historiens la promesse de Pépin a triomphé à peu près définitivement des raisons qui la faisaient contester et le pouvoir temporel des papes en Corse dès l'époque carolingienne. semble prouvé. L'île en effet, ainsi que le fait remarquer Dove, se trouve implicitement comprise dans les contours chorographiques en usage à cette époque quand il s'agit de la description des biens pontificaux. Il était d'ailleurs d'autant plus facile aux papes de revendiquer la Corse que les Carolingiens ne l'avaient pas incorporée à leurs états, mais l'avaient considérée comme un poste avancé pour tenir les Sarrasins loin du continent. Le titre même de *défenseur de la Corse* porté par les commandants des marches de Toscane semble constituer une fonction qui ne pouvait être conférée que par l'autorité du pontife.

IV

Incursions sarrasines. — La Corse et les souverains étrangers. — Les marquis toscans. — Les Obertenghi, marquis de Corse.— Les vicomtes, seigneurs du Cap-Corse introduisent l'élément ligurien. — Pise et la Corse. — Intervention pontificale (1).

(704-1078).

Incursions sarrasines. — En 704, les Maures ravagent les côtes de la Corse, de la Sardaigne et des îles Baléares. Au

---

1. ARCHIVES : Ajaccio, *Titres de la Chartreuse de Calci.* — Pise, *Atti publici, Spoglio Pagnini. Certosa di Calci.* — Turin, *San Venerio di Tiro.*

SOURCES NARRATIVES : Eginhard. — *Ann.* Maximiani. — *Ann.* Sithienses. — Anastase Bibl. — Sigiberti *Chron.* — Gottifredi Viterbiensis *Pantheon.*

RECUEILS : Jaffé, *Regesta pontificorum romanorum.* — *Monumenta Historiæ patriæ, Chartarum,* t. I, *Liber Jurium,* t. I, *Codex diplomaticus Sardiniæ,* t. I. — Pertz *M. H.-G. Leges.* — Dal Borgo, *Scelti diplomi pisani.* Muratori, *Antiquitates Medii Ævi,* t. II. — *Reg. Curiæ Archiepiscopalis* dans les *Att. della Società di Storia Patria di Genova,* t. II. — Mittarelli et Costodoni, *Annales Camaldulenses.* — Cennius, *Monumenta dominationis pontificiæ.* — Muralt, *Chronographie byzantine.*

OUVRAGES : Petri Cyrnæi, *De Rebus Corsicis.* — Roncioni, *Istorie pisane.* — Muratori, *Delle Antiquità Estensi.* — Ughelli *Italia Sacra.* — Rampoldi, *Annali Musulmani.* — Amari, *Storia dei Musulmani di Sicilia.* — *Dissertazione del dominio antiquo pisano sulla Corsica* dans les *Saggi di Dissertazioni dell' Accademia di Pisa.* — Desimoni, *Sulle marche d'Italia* dans les *Atti... di Genova,* 1896. — Colonna de Cesari Rocca, *Origine de la rivalité des Pisans et des Génois en Corse.*

ixe siècle, leurs incursions deviennent périodiques : en 806, ils quittent la Corse, fuyant devant la flotte de Pépin, roi d'Italie ; en 807, ils pillent une ville du littoral et ne laissent vivants que l'évêque, quelques vieillards et les enfants. Charlemagne envoie contre eux le connétable Burchard qui leur prend treize bateaux ; en 808, 809, nouvelles incursions ; en 813, Ermengard, comte d'Ampurias, surprend la flotte sarrasine à Majorque, la défait et délivre cinq cents prisonniers corses destinés à l'esclavage. En 825, une nouvelle expédition est décidée par l'empereur Lothaire. Le comte Bonifacio et son fils Adalbert (844) sont tour à tour chargés de la *défense* de la Corse. En 852, les Corses s'enfuient en masse à Rome chercher un refuge auprès du pape Revenus à la fin du ixe siècle, les Maures n'abandonnèrent les îles de Corse et de Sardaigne qu'après la défaite de Mugahid (1) (1014), contre qui les communes et

---

1. On sait qu'une erreur de copie dans le traité de l'empereur Frédéric avec Abra-Isahc (20 avril 1231) a fait croire que la Corse était encore à cette date occupée par les Sarrasins. Un article de ce traité stipulait que les chrétiens de *Cossira* n'auraient aucune juridiction sur les musulmans dont le préfet, de leur nation, serait nommé par le roi de Sicile. Au lieu de *Cossira*, on avait lu *Corsica*. Cf. Mas-Latrie, *Traités de paix et de commerce.*

les seigneurs d'Italie s'étaient coalisés. C'est sur cette victoire, qui porte un coup définitif à la puissance mauresque en Italie, que Pisans et Génois basent leurs prétentions à la possession de la Corse (1).

Quelque nombreuses qu'aient été les descentes des Sarrasins en Corse, quelques traces funestes qu'ait laissées leur passage, les chroniques locales ont exagéré l'importance de leur domination. Le plus autorisé des chroniqueurs arabes, Ibn-el-Athir (1160-1223) ne consacre qu'un seul chapitre à toutes les entreprises des Musulmans sur la Sardaigne, et il affirme que, durant leur séjour, elle était administrée par le *Rûm*, c'est-à-dire l'élément italien. Les Sarrasins ne durent occuper la Corse que pendant des intervalles brefs et ne séjourner que sur les côtes ; ceux qui s'aventuraient dans les montagnes, ceux qui, aux jours de défaite, ne regagnaient pas à temps leurs barques, convertis par force, réduits à l'esclavage, se mêlaient avec le temps aux populations indigènes.

____

1. Les chroniques retardent la victoire décisive des Pisans et des Génois jusqu'à l'année 1050. M. Giovanni Sforza (*Mugahid e le sue imprese contrà la Sardegna*, dans le *Giornale Ligustico* 1893) a démontré le peu de fondement de cette tradition.

L'unique tradition que possèdent les chroniqueurs arabes d'un établissement en Corse est entachée d'une inexactitude (1). Cependant il faut noter que les géographes orientaux font figurer la Corse parmi les possessions des Sarrasins et que, dans un traité passé au XII siècle entre les Pisans et le roi maure de Valence, celui-ci compte la Corse au nombre des états dont il s'engage à ne pas fermer les ports aux Pisans. Peut-être trouvons-nous là le souvenir d'une domination passagère exercée par quelque tribu sur un point du littoral, souvenir également conservé par les traditions insulaires et grossi par elles. Amari fait remarquer avec raison que les habitants de la Corse et de la Sardaigne, pauvres et valeureux, évitèrent pendant deux siècles le joug des Arabes, mais non leurs invasions, et qu'ils restèrent étrangers aussi bien à la civilisation musulmane

----

1. D'après cette tradition, Jiaz, fils d'Abdullah-al-Khortobi (de Cordova), débarqua en 814 sur la côte occidentale de la Corse et donna son nom à Ajaccio (Al Jiaz, dont Adjazzo, Ajazzo, etc.). On sait qu'Ajaccio existait au temps de saint Grégoire le Grand et que, probablement fondée par les Grecs, elle en reçut l'appellation d'*Ajasso*, du nom de leur cité de Lesbos.

qu'à la marche ascendante du progrès en Italie.

En effet, ces deux îles, longtemps dépourvues de relations avec le continent, conservèrent jusqu'à nos jours un aspect de sauvagerie qui en éloigna l'étranger. D'ailleurs, la mer elle même était un objet d'effroi pour tous ceux qui n'appartenaient pas aux populations commerçantes du littoral : une chronique du xiie siècle nous montre le savant Eginhard terrifié à l'idée de se rendre en Corse, où Charlemagne veut l'envoyer recevoir de saintes reliques: « Par terre, dit-il, envoyez-moi dans quelque endroit du globe qu'il vous plaira, même chez les nations étrangères et j'exécuterai fidèlement vos ordres, mais je tremble à l'idée de me livrer aux routes dangereuses et incertaines de l'océan... » (1). Dans ces conditions, la Corse ne suivit que de très loin les mouvements politiques du continent ; le seul décret impérial qui la concerne (828) l'érige en lieu de relégation pour certains criminels (2).

---

1. *Ex translatione sanguinis Domini*, PERTZ. *M. G.*, t. VI.
2. Constitution d'Olonne dans Pertz. M. H. G. *Leges*, I, 232-234. Ce décret est de l'empereur Lothaire et non des pontifes romains à qui l'attribuent les chroniques.

La Corse et les souverains étrangers. — Les tyrans d'origine diverse qui asservirent l'Italie tour à tour pendant la période carolingienne, ont laissé des souvenirs plus traditionnels qu'authentiques. Un Béranger, souvent cité dans les chartes apocryphes de Monte-Cristo, fait penser que l'un des deux princes de ce nom aurait pu sinon séjourner, du moins paraître en Corse au cours des luttes qu'ils soutinrent contre leurs compétiteurs au trône d'Italie. Le fils de Béranger II (950-961), Adalberto, se réfugia en Corse à plusieurs reprises pour éviter la colère de l'empereur Othon. Un siècle auparavant (872), la Corse avait également servi d'asile à Adalgis, fils d'Alboin, roi des Lombards, poursuivi par l'empereur Louis II qu'il avait, pendant un mois, retenu prisonnier.

D'une charte de l'empereur Othon III (996) on a conclu que Ugo, fils d'Hubert, marquis de Toscane, avait incorporé l'île à ses Etats, mais rien ne prouve qu'il y ait exercé aucune souveraineté effective.

Les marquis toscans. — Les gouverneurs des marches de Toscane, descendants de Bonifacio, étaient *défenseurs de la Corse* comme l'empereur était *défen-*

seur de Rome. Aucun conflit entre les deux pouvoirs, le pape et l'empereur s'empruntent mutuellement les forces matérielles et morales dont ils disposent. A la fois au service de l'Empire et de Rome, les marquis toscans sont de véritables souverains. S'occupent-ils de la Corse ? Il semble qu'ils s'y soient rendus non seulement pour la défendre, mais encore pour y créer des établissements durables, puisque leurs descendants possédaient encore des biens féodaux dans l'île au xive siècle. Cependant entre Adalbert Ier (*tutor Corsicæ*) et Alberto vivant au commencement du xie siècle nous n'avons aucun renseignement sur les rapports des marquis avec la Corse.

C'est Alberto qui, si l'on s'en réfère à son épitaphe, après avoir chassé les Sarrasins de Rome, aurait contribué à la délivrance de la Corse. Il eut un fils, Alberto Ruffo, dont les descendants portèrent presque tous, avec le titre de marquis de Massa, celui de marquis de Corse. D'un frère d'Alberto, Oberto, descendent les Malaspina dont les prétentions sur l'île rapprochées de celles de leurs cousins démontrent une origine antérieure au xie siècle et que l'on peut faire remonter aux premiers défenseurs de la Corse.

Le père d'Alberto et d'Oberto, Oberto-Opizzo était comte du palais et vicaire impérial pour toute l'Italie, mais son autorité directe s'étendait seulement sur les comtés de Luni, de Gênes, de Milan, de Pavie et des *îles*. Ce territoire, encore assez vaste pour constituer un royaume, passa à ses descendants, désignés par les historiens sous le nom générique d'*Obertenghi*.

Les Obertenghi. — La part faite aux *Obertenghi* dits *marquis de Massa* dans l'histoire de la Corse, est loin d'être en rapport avec l'importance et la durée de leur domination. Giovanni della Grossa, né à une époque où leur influence politique disparaissait, ne leur a consacré que peu de lignes : cependant il n'est pas douteux que l'étude de cette famille ne puisse apporter une large contribution à l'histoire corse des xɪᵉ, xɪɪᵉ et xɪɪɪᵉ siècles.

L'hérédité est la base de l'organisation politique du moyen âge ; si ses effets sont difficilement applicables dans notre île, elle donne cependant naissance à des droits plus ou moins justifiables et qu'il convient d'étudier.

A une époque où les édits impériaux enjoignaient à chacun de vivre suivant les lois de la nation d'où il était originaire, les Obertenghi, conformément à la loi lombarde, conservaient leurs fiefs indivis entre tous les membres de la famille. Le partage des biens, subdivisés théoriquement en quarts, en huitièmes, voire en trente-deuxièmes, était fictif et ne s'opérait que sur l'ensemble des revenus. Tous les descendants d'Alberto Ruffo portaient le titre de marquis de Corse alors que certains d'entre eux seulement résidaient sur le fief. Un vicomte, un gastald ou un vicaire administrait leurs biens dont les revenus étaient répartis à chacun proportionnellement à ses droits. Mais, comme l'a fait observer Desimoni, il est clair que cette communauté ne peut éternellement durer ; à chaque génération les liens du sang s'amoindrissent : la lutte pour les intérêts personnels devient plus vive. En vain, la vieille coutume de famille, l'instinct de conservation au milieu des éléments étrangers, les traditions combattent encore pour la maintenir, tout est inutile ; le progrès de l'émancipation individuelle l'emporte, on ne divise pas encore le fief principal, la capitale de ces états disséminés, mais chacun peu à peu se sépare du tronc et se fixe sur une terre, dans un château, où le retiendront plus tard la pauvreté et l'impuissance.

Alberto Ruffo, avons-nous dit, eut trois fils dont les descendants participèrent, nominalement au moins, aux revenus des fiefs corses, 1° Guglielmo-Francesco, tige des marquis de Corse et Parodi ; 2° Ugone, dont on constate la présence dans l'île en 1095 ; 3° Oberto-Brottaporada, père d'Alberto Corso, Guglielmo, fils de ce dernier, en guerre avec les Malaspina, ses cousins qu'appuyait la commune de Pise, fit alliance avec les Génois pour la défense de ses possessions de Corse. Le 14 mars 1174, un arbitrage mit fin à cette guerre. Guglielmo eut pour fils Guido et Guglielmo. Le second envahit, vers 1191, le judicat de Cagliari. Les détails de sa biographie qui nous sont parvenus le présentent sous un jour plutôt défavorable quoique ses mœurs fussent peu différentes de celles des autres marquis : « *Mos est marchionum,* écrivait Caffaro, *magis velle rapere quam juste vivere* ». Il s'empara violemment de l'Arborea dont il chassa le juge, il persécuta l'archevêque d'Arborea, renvoya, sous des prétextes imaginaires, sa femme légitime, fit contracter à sa fille des noces incestueuses, vécut en bonne intelligence avec les princes mahométans, toutes choses qui lui valurent la réprobation de ses contemporains et des avertissements pontificaux dont il ne tint d'ailleurs aucun compte. Guglielmo mourut entre 1212 et 1214 ; son héritage passa à ses filles dont les maris adoptèrent la titulature, alors patronymique, des marquis de Massa (1).

La branche dite des marquis de Corse et Parodi, issue de Guglielmo-Francesco, conserva fort tard des fiefs nobles en Corse. Au XVe siècle certains d'entre eux vivant dans les ruines du vieux château de San-Colombano se qualifiaient encore « marquis de Belgodere ».

Les vicomtes deviennent seigneurs du Cap-Corse et introduisent l'élément ligurien. — Une puissante famille,

---

1. C'est à ces personnages, sans nul doute, qu'il faut attribuer les fameuses donations au monastère de San-Mamiliano erronément datées de 1002, 1019 et 1021 ; documents dont nous ne tenons pas compte ici, et pour cause. La donation de Frasso aux moines de Porto-Venere (MURATORI, *Antiq. Est.* I, 250) est également apocryphe.

celle des *vicomtes*, exerçait en Ligurie et en Corse la justice au nom des marquis. Les *Obertenghi* conservèrent quelque temps encore sur ceux-ci une faible suzeraineté mais déjà les communes travaillaient à leur émancipation sous la protection des évêques. Ce patronage ne tarda pas à se transformer en juridiction tolérée à l'origine, puis bientôt considérée comme un droit. Longtemps les vicomtes refusèrent les dîmes à l'évêque de Gênes, mais en 1052, un membre de leur famille, Oberto, occupant le siège épiscopal, ils entrèrent en composition, adhérèrent à la commune et reconnurent pour leurs fiefs la suzeraineté de l'évêque. Ils brisaient ainsi leurs liens avec les Obertenghi dont le pouvoir, dès lors, ne cessa de décroître.

Les vicomtes étaient représentés en Corse par diverses branches qui formèrent plus tard *l'albergo Gentile :* c'étaient les familles Avogari, Pevere, de Turca (de Curia — de Corte), de Mari, di Campo. Par leur rupture avec les Obertenghi, ils constituèrent au nord de la Corse une seigneurie indépendante, plus tard limitée au Cap-Corse.

Par eux s'introduit dans l'île l'élément ligurien : avant le XIᵉ siècle, nous voyons le blé de Corse attirer les trafiquants génois, le dîme du sel en faveur de l'évêque de Gênes existait de temps immémorial, et l'abondant produit des salines de Sardaigne était lourdement taxé ; apparemment pour réaliser un bénéfice plus appréciable, les marchands génois échangeaient en Corse une partie de leur cargaison contre du blé. Des droits égaux ne tardèrent pas à frapper les céréales corses et des précautions furent prises pour parer à toute espèce de fraude : chaque navire, se rendant en Corse devait une mine à l'évêque : au XIIe siècle, quand un bateau déchargeait sa cargaison sur le diocèse de Gênes, le *cintraco* (appariteur municipal) prélevait, trois mines par homme sur les blés corses acquis avec du sel provenant de Sardaigne ou du territoire de l'évêché ; l'équipage versait en outre à la curie épiscopale un droit de sept sous. En 1178, des négociants de Porto-Venere ayant refusé de payer la dîme sur les marchandises d'origine corse qu'ils rapportaient, les consuls de Gênes décrétèrent la confiscation des cargaisons au profit de l'archevêque, bien que les intéressés prétendissent que les habitants de Porto-Venere, n'avaient jamais payé aucune redevance.

Pise et la Corse. — Les rapports de la Corse avec la Toscane sont anciens : dès le XIᵉ siècle, la pième de San-Stefano en Lavagne a son quartier corse. Dans la même région, une église est placée sous l'invocation de sainte Julie, patronne de l'île ; on n'y doit brûler que de la cire provenant de Corse.

Les chroniques pisanes fixent à l'année 1050 (1051 ou 1052) la date de la soumission de la Corse à leur commune. Suivant Fra Lorenzo Tajuoli, rapporté par Roncioni, les Pisans, à la suite d'une tempête, furent rejetés sur les côtes de la Corse près de San-Firenzo ; les insulaires ayant voulu s'opposer à leur débarquement ils les battirent et les forcèrent de reconnaître la suzeraineté de la république. Une tradition, rapportée par Sigonius et narrée avec quelque variante par Petrus Cyrnæus, veut que l'expédition ait été dirigée contre les Maures : le héros de cette campagne fut un marchand de drap nommé Cicorino proclamé chef de l'expédition parce qu'il l'avait préconisée. Petrus Cyrnæus dit que ce fut un homme du peuple nommé Alessio qui prit l'initiative d'une revanche sur les Sarrasins, victorieux l'année précédente du général pisan Lucio Alliata. Ces légendes qui peuvent reposer sur le fonds véridique d'expéditions privées, fréquentes à une époque où les négociants arment des flottes pour protéger leur commerce, doivent être accueillies avec la plus grande circonspection.

Intervention pontificale. — Quoi qu'il en soit, pour les Pisans, les Génois fondant des établissements en Corse étaient des usurpateurs ; pour les marquis, les vicomtes étaient des sujets révoltés. Les Corses eux-mêmes, dit la chronique, étaient malheureux ; ils implorèrent l'appui du pape Grégoire VII qui, appréciant leur « désir de retourner conformément à leur devoir sous la domination juste et glorieuse du gouvernement apostolique », leur déclara qu'il y avait en Toscane des seigneurs prêts à prendre leur défense contre les envahisseurs (1077). Mais la mission officielle de rétablir le pouvoir de l'Eglise en Corse est confiée à Landolfe, évêque de Pise, qui conservera pour le compte du Saint-Siège les citadelles et lieux fortifiés et partagera avec le pape les revenus de la Corse (1078).

L'autorité des Obertenghi qui dès lors

prennent d'une façon suivie le titre de marquis de Corse, se trouvait donc bien réduite. A cette époque, dans les républiques d'Italie, la cause de l'évêque ne se sépare pas de celle de la commune. Si l'on observe qu'avant Grégoire VII, l'investiture des évêques est un droit temporel attribué aux souverains et non aux papes, on admettra que l'élévation de Landolfe au vicariat apostolique de la Corse correspondait à une véritable inféodation de l'île aux Pisans : ce fut bien ainsi que les Génois le comprirent.

V

La Corse, fief de l'évêque de Pise. — Mécontentement des Génois. — Concile de Latran. — Nouvelles hostilités. — Partage des évêchés. — Continuation de la guerre. — Querelle de Bonifacio (1).

(1078-1215).

La Corse, fief de l'évêque de Pise. — Mécontentement des Génois. — En 1091 (28 juin), le pape Urbain II, sur la prière de la comtesse Mathilde (2), et pour remédier aux nombreux abus qui s'étaient introduits dans les églises de Corse, confirma en faveur de l'évêque de Pise, Daiberto, la bulle de 1078. Urbain II, rappelant « les droits de l'Eglise sur les îles conférés

1. ARCHIVES : Pise et Turin (fonds cités au ch. IV). Gênes, *Materie politiche, Not. Lanfranco.*

SOURCES NARRATIVES : Caffaro, *Ann.* — Oberto Cancellario, *Ann.* — *Chron. du Templier de Tyr.*

RECUEILS : Jaffé. — Dal Borgo. — Muratori, *op. cit.,* — M. H. P. *Liber Jurium,* t. I. — *Codex diplom. Sardiniæ,* t. I.

OUVRAGES : Pierre Diacre, *Chron. Casin.* — Ughelli, *op. cit.* III. — *Annales Pisani.* — *Brev. hist. Pisanæ.* — Baronius, *Ann. Ecclesiæ.*

2. La grande comtesse, héritière de la Toscane et qui avait de ce chef des prétentions sur la Corse.

par la libéralité de l'empereur Constantin »,
imposait à son vassal ecclésiastique une
redevance annuelle de cinquante livres de
Lucques.

En 1092, le pape conféra à l'évêque Daiberto le titre d'archevêque ; mais cet honneur était personnel. Au mois de septembre 1119, Gélase II, qui, fuyant devant
l'empereur, était resté un mois entier l'hôte
des Pisans, reconnut son hospitalité en
érigeant définitivement Pise en archevêché, faveur confirmée par Calixte II en
mai 1120.

Le mécontentement des Génois alors se
manifesta de telle façon que la guerre devint
inévitable (1119). Gênes mit sur pied
vingt-deux mille combattants répartis sur
quatre-vingts galères, quatre grands navires,
trente-cinq gallions et vingt-huit barques.
Suivant Caffaro, cet armement considérable impressionna les Pisans qui, le 14 septembre 1120, firent abandon de leurs prétentions sur la Corse. Le 3 janvier 1121,
Calixte II, poussé, dit-il, par les justes
réclamations des Romains et des Corses,
révoquait toutes les donations antérieures,
déclarant que l'île dépendrait à jamais directement du Saint-Siège.

Concile de Latran. — Les Pisans protestèrent. Pour empêcher le pape de revenir sur sa décision, la diplomatie génoise se montra active et généreuse : les ambassadeurs Caffaro et Barisone, venus à Rome, y répandirent l'or. Le 16 juin 1121, ils s'engageaient sur le salut de leur âme et de celles des consuls, à verser à la curie romaine mille cinq cents marcs ; ils promettaient en outre de faire un don de cinq cents onces d'or aux clercs qui auraient prononcé en concile la révocation définitive de la primatie de la Corse. De leur côté, les *fidèles* du pape Calixte s'engageaient à faire donner gain de cause aux Génois. Ces conventions furent consignées par écrit. A Rome, chacun voulut sa part du butin inespéré : cardinaux, évêques, clercs, laïques se firent promettre par serment des sommes proportionnées à leur influence. Les ambassadeurs ne négligèrent personne, et quand, au mois d'avril 1123, s'ouvrit le concile de Latran, la décision des juges n'était plus douteuse. Par un reste de pudeur, aucun n'osait la formuler. « Le pape alors, dit Caffaro, réunit douze archevêques et douze évêques pour discuter le droit à la consécration des évêques corses et, en consultant l'ancien registre de l'église romaine, ils trouvèrent que les Pisans détenaient injustement l'archevêché de Corse. » Ils se rendirent alors de la basilique au palais et l'archevêque de Ravenne prit la parole : « Seigneur, seigneur, dit-il, nous n'avons pas osé proférer une décision en ta présence, mais nous te donnons un avis qui en aura toute la force : que le métropolitain de Pise abandonne la consécration des évêques corses et ne s'y entremette jamais plus. » — Entendant cette parole, le pape se leva et demanda aux juges s'ils approuvaient. Par trois fois ils répondirent : « *Placet, placet, placet.* » « Et moi, ajouta le pape, au nom de Dieu et du bienheureux Pierre, j'approuve et je confirme. »

Aussitôt l'archevêque de Pise, Ruggiero, se leva enflammé de colère, et, jetant aux pieds du pontife sa mitre et son anneau : « Jamais plus, cria-t-il, ne serai ton archevêque ou ton évêque ! » Et comme il s'éloignait, le pape, repoussant du pied la mitre et l'anneau, lui dit : « Frère, tu as mal agi, et je t'en ferai repentir. » Le lendemain matin, 27 mars, Calixte fit connaître la sentence au concile. La bulle fut rendue le 6 avril.

Nouvelles hostilités. — Partage des évêchés de la Corse. — Caffaro et Barisone rapportèrent à Gênes en triomphe la sentence pontificale. Les Pisans résistèrent et les hostilités reprirent leurs cours : ce fut une véritable guerre de pirates dans les mers de Corse et de Sardaigne et sur les côtes de ces îles ; il n'y eut plus d'armement considérable comme celui de 1122 ; on guettait les navires marchands, on s'emparait de la cargaison, et l'on rançonnait l'équipage.

En 1126, les Pisans s'emparent du château de Sant-Angelo (Balagne) où les Génois se sont installés (1124) ; ils le gardent peu car ces derniers le surprennent de nouveau et y font trois cents prisonniers. Mais cette année même, les Pisans obtiennent une éclatante compensation : Honorius II restitue intégralement à l'archevêque tous ses anciens privilèges, y compris la primatie de la Corse (21 juillet). Confiants dans la supériorité de leur marine, les Génois viennent braver les Pisans aux bouches mêmes de l'Arno, ils ravagent les côtes, emmènent les habitants en esclavage, et poursuivent leurs flottes jusqu'en Sicile (1129). Tels sont du moins les souvenirs que nous a laissés Caffaro de cette guerre qui dura quatorze ans. Enfin, Innocent II entreprit de la faire cesser en partageant l'objet du litige : il érigea Gênes en archevêché et lui donna pour suffragants les diocèses de Mariana, du Nebbio et d'Accia, au nord de la Corse ; Ajaccio, Aleria et Sagone, c'est-à-dire la plus grande partie de l'île, restèrent sous le gouvernement de l'archevêque pisan (19 mars 1133) ; la paix fut signée. Pour compenser la perte des évêchés corses, le Saint-Siège attribua à l'archevêque de Pise de nouveaux privilèges et étendit sa jurisprudence (1er mai 1138).

On aurait pu croire Génois et Pisans satisfaits, il n'en fut rien. Les deux peuples étaient voués aux désastres d'une éternelle rivalité. Chacun d'eux aspirait à l'empire des mers, et tout succès obtenu par l'un était considéré par l'autre comme une atteinte à sa propre grandeur. Les papes, qui avaient besoin de conserver l'appui des deux républiques, leur partageaient leurs faveurs à dose égale, et de ces preuves d'estime du gouvernement pontifical elles ne se montraient pas peu glorieuses.

Pour ne pas faire de jaloux, Eugène IV, en 1146 (29 mai), confirma au siège archiépiscopal de Pise tous les honneurs et tous les privilèges qui lui avaient été accordés par ses prédécesseurs (1).

De fait, la Corse partagée entre les deux républiques, celles-ci devaient y lutter désormais moins pour la possession que pour l'influence ; leur animosité un peu assoupie, Génois et Pisans s'entendirent à merveille en 1155 pour détourner de leur mission les envoyés de Frédéric Barberousse en Corse et en Sardaigne (2), mais dès que la guerre recommença (1162), les côtes de la Corse en furent le premier théâtre. Sur ses rives, disent les vieilles chroniques de Pise, les Génois, sans avoir déclaré la guerre, abordèrent une galère pisane et massacrèrent les neuf hommes qui composaient l'équipage.

---

1. Adrien IV en 1157, Alexandre III en 1161 et 1176, Luce III en 1181, Célestin III en 1191, Innocent III en 1197, Honorius III en 1217 et 1218, Grégoire IX (sans date) confirment tour à tour les droits et les privilèges des archevêques pisans.

2. Radevich dans Muratori, R. I. S, t. VI, p. 791. Furieux de cet insuccès, Barberousse se proposait de châtier sévèrement les Génois ; mais ceux-ci manœuvrèrent avec tant d'habileté que la commune en fut quitte pour mille marcs versés au trésor impérial, à titre de don gratuit, dirent les historiens génois, à titre d'amende selon leurs adversaires. Ce fut pour parer à l'éventualité d'une invasion impériale que les Génois élevèrent, à l'époque de cet incident, leurs premières murailles.

Les représailles des Pisans s'exercent alors sur le Cap-Corse, fief des familles consulaires, toutes issues à cette époque des anciens vicomtes liguriens. L'empereur ordonne de jurer la trêve, mais pendant un voyage qu'il fait en Allemagne, la suzeraineté de la Sardaigne est l'objet d'un nouveau litige. Les hostilités deviennent plus vives ; le Cap-Corse est incendié et ravagé par les Pisans en 1166, 1167 et 1168 ; les consuls génois Corso, Idone Contardo, Anselmo Garrio (1169) secourent les points attaqués. En 1169, on essaie de jeter les bases d'une paix durable ou plus exactement d'une trêve de vingt-neuf ans, car l'état de guerre est l'état normal et l'imagination même se rebelle à l'idée d'une paix définitive. Les négociations n'aboutissent pas, la lutte continue, lutte de pirates dans laquelle on ne peut attendre de l'adversaire aucun égard ; un navire génois se rendant à Alexandrie d'Egypte ayant échoué dans le port d'Ajaccio, on envoie immédiatement cinq galères pour défendre la cargaison contre les entreprises des Pisans (1171). En 1173 les Pisans arment trois galères qui, naviguant sur les côtes de Corse s'emparent de deux navires des Génois.

A leur tour, les Génois veulent leur revanche, mais les trois galères qu'ils prennent sont, au dire des chroniqueurs pisans, absolument vides.

Il ne paraît cependant pas que, durant toute cette période, la Corse ait été la cause directe des luttes qui ensanglantent ses rivages, mais la rivalité des deux peuples sur son territoire se ranimera bientôt plus ardente que jamais à propos de la possession d'une petite forteresse dont le nom, inconnu jusque-là, figurera longtemps, à côté de Gênes même, dans tous les traités passés par la république. La querelle de Bonifacio, plus futile en apparence que celle des évêchés, aura des suites plus graves encore. C'est par là que Gênes commencera sa lente expansion.

Querelle de Bonifacio. — Au XIIIe siècle, Bonifacio, fondée, disent les chroniques, par l'officier impérial de ce nom préposé jadis à la défense de la Corse était un repaire de pirates qui pillaient les vaisseaux sans distinction de nationalité. Avant 1186 les Génois s'en étaient rendus maîtres, mais en 1187 les Pisans les en chassent et y bâtissent un nouveau fort dont ils sont eux-mêmes expulsés la même année.

Maîtres du rocher qui commande au détroit, les Génois sont bien décidés coûte que coûte à le conserver. Ceux d'entre eux qui voudront y aller habiter jouiront de privilèges exceptionnels. Chacun d'eux touche pour son service de garde six livres de Gênes chaque année. Tout enfant mâle qui y naît reçoit pour son entretien douze deniers par jour jusqu'à l'âge de vingt ans ; les filles ont droit à six deniers jusqu'à l'âge de quinze ans « et ce fait le commun de Gênes, dit le *Templier de Tyr*, pour maintenir en habitation ledit château ».

Les actes dressés au sein des deux républiques nous montrent à la fin du XIIe siècle Gênes et Pise se disputant âprement la possession de Bonifacio que chacune considère comme lui appartenant en propre. En 1195 les consuls de Pise promettant aux habitants d'Albenga sécurité pleine et entière dans leurs territoires, mentionnent particulièrement Bonifacio : peut-être en sont-ils redevenus maîtres temporairement, mais il est certain que peu après (1199) Gênes imposant sa suzeraineté aux communes d'Albenga, de Diana, de San Remo, de Porto Maurizio et de Noli exige de toutes ces petites républiques l'engagement de subvenir pour leur part à l'entretien de la garnison de Bonifacio. Les représailles des deux peuples prenaient une tournure si cruelle que les abbés de Tiglietto et de Gargano s'interposèrent au nom du Saint-Siège. Une trêve fut signée à Porto-Venere en 1208, mais les pourparlers relatifs à Bonifacio s'éternisèrent. La sentence prononcée par les arbitres le 26 avril adjugeant Bonifacio aux Génois, ceux-ci se préparaient à en prendre possession quand les juges firent savoir qu'ils ne pouvaient consigner la forteresse avant d'avoir entendu le podestat de Pise, Matteo da Corrigia.

Il est probable que les arbitres tout en réservant la question de Bonifacio, finirent par remettre la citadelle aux mains des Génois. Les Pisans protestèrent et firent appel à l'empereur Othon IV qui leur promit de maintenir les Génois au ban de l'empire tant qu'ils n'auraient pas restitué l'objet du litige (2 juin 1211). Un an après (6 juillet 1212) les deux peuples signèrent une trêve : la question de Bonifacio, à la vérité, n'y est pas éveillée, mais trois jours plus tard (9 juillet) les Génois se font confirmer par Frédéric, roi de Sicile, dans la possession de la forteresse. Malgré cela la trêve paraît avoir été assez bien observée jusqu'en 1215 où Andrea Bianco, marquis de Corse, fit arrêter, à l'instigation des Pisans, les ambassadeurs génois qui se rendaient à Rome pour organiser le transport des Croisés en Orient. Le Pape Honorius III s'interposa et, après avoir fait consigner Bonifacio à l'archevêque de Gênes et aux abbés de San Stefano et de San Siro, notifia aux ambassadeurs des deux républiques qu'ils eussent à faire la paix, la forteresse devant être remise aux mains du nonce pontifical. De fait Bonifacio restait aux Génois.

VI

Etat de la Corse au moyen âge. — Le servage. —
La féodalité.—Influence byzantine. — Légende
des origines féodales. — Les Cinarchesi. —
Droit et coutume. — Féodalité ecclésiastique.
— Le clergé.

Le Servage. — Au ix° siècle, une double tendance s'était manifestée en Europe:
la disparition des hommes libres dans la
vassalité ou le servage, et l'absorption
des petites propriétés dans la grande propriété. La Corse non incorporée à l'empire d'Occident, ainsi que la Sardaigne
plutôt abandonnée qu'arrachée à l'empire byzantin, échappent aux mœurs nouvelles importées par les Germains ou du
moins ne les subissent que sous une forme
atténuée. En Occident comme en Orient en

Archives : Ajaccio, Turin, Gênes, Pise, fonds cités. —Gênes
not. Lanfranco.

Recueils : Jaffé. — Tola, Codex dipl. Sardiniæ.

Ouvrages : Giovanni della Grossa. Chron. Petrus Cyrnæus,
De Rebus Corsicis.—Mollard, Du servage en Corse. — Colonna
de Cesari Rocca, op. cit.

effet, dès le ıx^e siècle, on se fait esclave
ou volontairement, ou parce que les lois
condamnent à la vente de leur corps ceux
qui ne peuvent s'acquitter de leurs dettes.
Les charges auxquelles sont soumis les
hommes libres et surtout le service militaire triomphent des dernières répugnan-
ces du peuple à sacrifier sa liberté. En
Corse rien de semblable, le serf volontaire est l'exception; la sobriété de l'insulaire, sa nature indépendante et guerrière
le mettent à l'abri de toute aliénation de
sa personne. Il est donc peu probable que
le servage ait beaucoup pesé sur les Corses et si on voit s'opérer en Corse
aux xı^e xıı^e, et xııı^e siècles des ventes d'esclaves corses, on doit supposer qu'ils
appartiennent à des familles de prisonniers musulmans.

On a déjà fait observer d'ailleurs que
dans tous les patrimoines de Saint-Pierre,
le servage était moins arbitraire et moins
barbare que partout : en Sardaigne, dit
M. Amat de San-Filippo (1), les questions
entre patrons et serfs étaient tranchées
par les tribunaux.

---

1. *Delle schiavitù e del servaggio in Sardegna.*

Féodalité, influence byzantine. — Cependant, quoique mitigée, la féodalité s'était introduite en Corse. Les descendants de Bonifacio d'abord (Obertenghi), la non moins nombreuse progéniture des vicomtes liguriens, quelques compagnons des marquis, tels les Bagnalinchi (seigneurs de Bagnara) comme eux de loi lombarde, formaient un groupe d'origine continentale susceptible de donner à son autorité l'appui de troupes étrangères. A côté d'eux s'était élevée une féodalité autochtone dont il est permis de soupçonner les commencements. Nous avons vu plus haut combien l'aristocratie italienne goûtait les dignités en usage dans la hiérarchie byzantine et de quel attrait étaient revêtus ces titres de consuls et surtout de juges (αρχοντες) réservés d'abord aux seuls fonctionnaires.

L'influence des usages administratifs et même de la langue de Byzance dans les îles méditerranéennes n'est plus à démontrer. En Sardaigne au xie siècle les juges-souverains de Cagliari se donnaient encore le titre d'archonte et conservaient sur leurs sceaux les caractères helléniques (1).

---

1. Martens et Durand. *Veterum scriptorum et monumentorum collectio,* Paris 1724, I. 526.

Au XIIe siècle, Grégoire VII adressait une bulle aux clercs, *consuls* majeurs et mineurs de la Corse. Quant au titre de *juge* il précéda dans les deux îles toutes les qualifications féodales. Lorsque Byzance affaiblie, isolée de ses dernières possessions occidentales, se trouva dans l'obligation de renoncer à y envoyer des fonctionnaires, les indigènes qui purent s'élever au-dessus de leurs compatriotes usurpèrent leurs fonctions et, croyons-nous, se parèrent de leurs titres pour en imposer davantage. En Sardaigne, les monuments confirment cette opinion ; en Corse, ils apparaissent trop tard pour la justifier, mais le souvenir des *juges* est assez souvent évoqué dans la chronique corse pour faire admettre qu'avant de se qualifier seigneurs et gentilshommes, les puissants de l'île aient pris une qualification à laquelle les masses étaient habituées. Giovanni della Grossa raconte qu'à la mort du comte Arrigo-Bel-Messere, « chacun se fortifiait dans son pays aussi bien qu'il pouvait… prétendant ne le céder à aucun autre. Ils étaient déjà *juges*, grâce à ces circonstances, ils se firent seigneurs ». Quand il raconte la légende d'Orso Alamanno, il dit que celui-ci qui était déjà *juge* de Freto, s'étant rendu complètement indépendant des Biancolacci, se fit seigneur de Freto. C'est de juges établis par le même Arrigo que Giovanni fait descendre les Cortinchi et les Loretesi dont le rôle politique est affirmé par les chartes du xiii⁰ siècle. Peut-être quelques-uns des juges qui s'élevèrent étaient-ils, comme les vicomtes, des officiers préposés par le marquis à certains gouvernements : l'absence de chronologie dans les mémoires insulaires nous interdit toute distinction qui ne reposerait pas sur des données sérieuses. D'autre part, la nature même du pays, scindé de tous côtés par des montagnes, nous empêche de généraliser la portée de nos indices. Les caractères généraux de la race se modifièrent plus rapidement dans l'En-deçà-des-Monts et plus spécialement encore sur les côtes où les influences étrusque et ligurienne agissaient d'une façon plus répétée et plus constante. Les traits communs aux Corses et aux Sardes se retrouvent plutôt dans l'Au-delà-des-Monts dit aussi territoire *cinarchese*, de *Cinarca*, nom de la famille qui y dominait.

Là nous verrons justement au xiii⁰ siècle

le plus célèbre héros corse du moyen âge changer son nom en celui de *Giudice* (Juge) et prendre la qualité de comte de Corse dont ses ancêtres, dit la chronique, ont été décorés dès le IXe siècle.

Légende des Origines féodales. — Ce fut dans l'Au-delà-des-Monts que s'élaborèrent à une époque incertaine les légendes qui ont servi, on pourrait dire jusqu'à nos jours, de fondement à l'historiographie de la Corse. L'importance que leur donnent les chroniqueurs et les écrivains insulaires nous oblige à les rapporter malgré les invraisemblances de leur chronologie. Suivant la chronique nationale, à la fin du VIIIe siècle de notre ère, le peuple de Rome s'étant révolté contre le pape Léon III, les chefs des rebelles obtinrent leur pardon à la condition d'aller conquérir la Corse sur le roi maure Negulone Ugo della Colonna, seigneur romain, qui, s'étant montré l'un des plus acharnés contre le pontife, passa dans l'île avec un millier d'hommes, et la conquit (1).

---

1. D'après Giovanni della Grossa. Negulone, appelé aussi Nebulone et, dans Ceccaldi, Hugolone, est tué par Bianco,

Le pape le confirma dans la possession de la Corse et créa cinq évêchés qui furent soumis aux archevêchés de Gênes et de Pise. Plus tard, le roi de Jérusalem, Guy, ayant été vaincu par Saladin, les Maures tentèrent une descente en Corse. Les fils d'Ugo avec l'aide du comte de Barcelone, qui jadis avait été l'allié de celui-ci, taillèrent en pièces les envahisseurs, et, maîtres de l'île, purent en transmettre la seigneurie à leurs descendants désignés par les noms de *Biancolacci* et de *Cinarchesi*. Le dernier des Biancolacci qui régna fut le bon sire Arrigo-bel-Messer assassiné en l'an 1000. Les Cinarchesi dès lors se substituèrent à leurs droits. Des compagnons d'Ugo, la légende fait sortir la vieille féodalité corse.

On constate dans ce récit l'unification artificielle et grossière de deux compositions différentes d'époques et de gestes. La révolte des Colonna contre le pape, le partage des évêchés, les guerres de Guy de Lusignan sont des faits qui se produisirent de 1100 à 1175, dans l'espace de temps

---

fils d'Ugo *à l'époque de la croisade contre Saladin*. Ce fut cette longévité immodérée qui fit éclore les premières défiances des historiens à l'égard de la légende.

normalement rempli par deux générations. Les luttes contre les Maures se rattachent au cycle de Charlemagne mais il n'est pas improbable que les premières expéditions des Génois en Corse aient été confondues avec celles des Sarrasins. Elles le furent dans les chroniques savoisiennes et Nostradamus, dans sa *Chronique de Provence*, dit : « Les Sarrasins que l'histoire appelle Génois ». *Nebilone* est d'ailleurs le nom d'un consul génois de la famille des vicomtes, vivant au XIIe siècle et dont les descendants possédaient des terres au Cap-Corse.

Le nom de Hugues ne fait-il pas allusion à un marquis de Corse, qui, résidant en l'île de 1098 à 1116, fit plusieurs donations à la Chartreuse de Calci ? Quant à l'adjonction *della Colonna*, si elle ne se rapporte pas à un membre de la famille des comtes de Tusculum, dont était Pietro delle Colonna, qui se révolta contre le pape, elle put servir de nom d'origine ou de seigneurie à l'un des seigneurs toscans venus en Corse au XIe siècle. Il y avait en Etrurie plusieurs villages de ce nom (Colonia, Colonna, Colonnata) commun aux groupements de fermes en valeur désignés ailleurs sous le nom de *Massa*. Colonna di Buriano, dans la Maremma di Grossetto, se trouve sur un des points du continent italien les plus rapprochés de la Corse.

Il ne faut donc pas repousser sans examen, ainsi que l'a fait de nos jours l'hypercritique, ces légendes dont la charpente repose sur le groupement hasardé de faits authentiques. Charlemagne et Gannelon y ont leur place, mais il ne faut pas oublier que c'était un usage absolu dans tout l'Occident de rapporter à l'époque du grand empereur les événements locaux de toute date qui avaient frappé l'esprit des masses. N'eût-elle pas d'autre utilité, la légende corse nous est précieuse en ce qu'elle nous montre l'île participant au courant d'idées qui se manifestait en Occident.

Les Cinarchesi. — La légende fait descendre cette famille de Cinarco, second fils de Ugo della Colonna. Les traces matérielles de son rôle sont beaucoup moins anciennes. Quand Giudice de Cinarca se fit élire comte de Corse, ce fut conformément à un usage ancien et qui depuis se perpétua souvent au profit de ses descendants. « Les populations, dit Giovanni della Grossa, choisissaient l'homme le plus

important par sa fortune et par sa valeur
pour les défendre contre les barons et les
gentilshommes. Ils lui donnaient un salaire
et lui rendaient l'obéissance due à un seigneur légitime. » Il est possible que la
maison de Cinarca, dans des temps incer-
tains, ait bénéficié du suffrage populaire qui
lui fut si souvent favorable par la suite ;
mais aucune coutume réelle ne présida à
ces élections, manifestations passagères
du besoin des foules de se donner un maître. Les habitants de Nebbio élurent ainsi
plusieurs comtes.

Les Cinarchesi sont ainsi appelés du nom
de leur résidence primitive *Cinarca* (Ciner-
cha, Ginercha, Genarca). L'origine grecque
du mot n'est pas douteuse. Si la légende
corse a pour fondement l'antiquité réelle
de la maison, il se peut qu'ils aient été
désignés par le titre de γεναρχοι, *chefs de la
race*. Deux autres étymologies peuvent
être également proposées : les Grecs dési-
gnent encore aujourd'hui par le nom de
συναρχοι les magistrats qui se partagent un
commandement. Enfin un Cinarco (Κυρνου
αρχων — Cyrnarchus) n'aurait-il pu désigner
un magistrat placé sous les ordres du
tétrasque d'Italie ou de l'archonte de Sar-

daigne. Sans choisir d'une façon définitive parmi ces trois étymologies, on peut supposer que les seigneurs de Cinarca furent, sinon les descendants, du moins les héritiers de chefs ou de magistrats au pouvoir à une époque où en Corse la langue administrative était encore la langue byzantine.

La féodalité en Corse fut donc formée de trois éléments distincts : 1° les maisons d'origine étrangère, maîtresses du sol par la conquête ; 2° les familles des chefs autochtones revêtus de dignités byzantines et celles des magistrats impériaux restés dans l'île ; 3° les descendants des individus que la violence ou le hasard d'une élection avaient élevé au-dessus de leur compatriotes et qui furent assez forts ou assez habiles pour léguer leur autorité à leurs descendants ou à leur clan.

Droit et coutume. — En Corse, le droit héréditaire à l'autorité est presque toujours contesté. Le fief passe péniblement à ses héritiers naturels ; l'autorité suprême ne se transmet jamais. Aucune constitution n'assure au chef du jour une prépondérance certaine pour sa race. Tous les Corses aspirent au pouvoir, et les plus forts l'arrachent tour à tour au caprice de l'opinion populaire qu'actionne tout un rouage de volontés unies par des intérêts trop immédiats pour être stables. Ces rouages constituent le *clan* dont l'organisation ne permit pas au système féodal de s'imposer dans toute sa rudesse germanique. Aucune hiérarchie, aucun ordre social ne faisant de la féodalité un corps constitué, la Corse échappe aux progrès inhérents à toute organisation, même défectueuse, et nourrit uniquement le sentiment de l'indépendance.

Ainsi que les cités italiennes, et plus encore qu'elles, la Corse paraît avoir toujours eu dans ses rangs inférieurs des hommes libres en quantité suffisante pour composer une tierce classe. Nous les voyons au xie siècle sanctionner les donations des évêques, au xiiie participer à leur élection. La succession des idées était alors moins rapide que de nos jours, surtout dans un pays où non seulement les masses, mais la plus grande partie des dirigeants étaient privés de communication avec le continent. Même les seigneurs d'origine continentale, parents, officiers ou compagnons des Obertenghi, ne peuvent, après deux générations en Corse, se soustraire à l'influence locale. Leurs soldats ne conservent pas, dans un pays d'hommes libres et armés, le préjugé professionnel qui fait la force des féodaux du continent. Ils sont trop isolés de leur patrie pour ne pas éprouver le besoin de se créer de nouvelles attaches familiales. Tous, suivant leur rang, se mêlent aux races autochtones et, ce rang même, dans leurs alliances, les plus grands ne laissent pas que de l'oublier. C'est le crime des *noces illicites* que les papes reprochaient aux juges de Sardaigne dès le ixe siècle. Il faut considérer qu'en raison des prohibitions de l'Eglise sur les mariages entre parents jusqu'à un degré assez éloigné, les seigneurs corses et sardes se laissent aller aisément à épouser les filles de leurs sujets ; ne le voudraient-ils pas, leur isolement les y contraint au détriment de la majesté seigneuriale.

Tout se fond dans l'élément insulaire qui se modifie lentement ; quelques coutumes, comme la rareté des partages suspendus parfois pendant plusieurs générations, l'exclusion des filles de l'héritage paternel et l'arbitrage des parents dans les difficultés entre proches, sont des traces de l'influence lombarde ; mais nous ne croyons pas que, dans leur ensemble, les lois salique ou lombarde aient jamais été observées, sinon par les familles qui continuaient à posséder des fiefs sur le sol italien et qui, suivant les édits impériaux, se conformaient aux us de leur race. Les vassaux des Obertenghi étaient probablement jugés d'après la coutume lombarde, mais dans le reste de la Corse il est plus probable que les chefs féodaux ou communaux n'appliquèrent jamais qu'un simple droit coutumier où avaient pu se glisser quelques axiomes d'origine romano-byzantine. Le droit n'était que la *norma agendi*, et la tradition devait être le seul garant des *bonæ et antiquæ consuetudines* dont Giovanni della Grossa et Petrus Cyrnæus nous ont conservé le souvenir. La vendetta, à peine extirpée aujourd'hui des mœurs des insulaires, nous montre à quel point la Corse resta fermée aux demi-civilisations qui lui avaient substitué le duel et le jugement de Dieu. Aucune hiérarchie, aucun ordre social ne faisant de la féodalité un corps constitué, la Corse échappe aux progrès inhérents à toute organisation même défectueuse, et nourrit uniquement le sentiment de l'indépendance. Relisons les chroniques, nous y verrons que le vassal, à la fois soldat et pasteur, ignore la glèbe car le seigneur est rarement assez puissant pour l'y maintenir. Dès qu'il se sent opprimé il se révolte ; s'il ne peut espérer se faire seigneur lui-même. Il sait qu'un homme robuste et sachant manier le fer trouvera toujours bon accueil ; les inimitiés des chefs lui procureront un appui et un soutien. Le pouvoir natif du feudataire est très limité : trop de frères, trop de bâtards surtout, partagent son patrimoine et ses ambitions. Le vassal, ne l'oublions pas, est souvent apparenté au seigneur, il vit de la même existence que lui et, comme lui, porte des armes offensives et défensives ; il trouvera toujours asile dans les villages libres qu'administrent leurs consuls ou leurs gonfaloniers. La seule loi est la force qui se manifeste surtout par le nombre des clients accourus valontairement ou attachés au chef par les liens du sang. Encore cette loi n'est-elle pas absolue : la nature du pays, hérissé de montagnes, couvert de maquis, protège l'isolé contre la masse, refrène et limite l'autorité, encourage les rébellions et maintient la Corse dans un état d'anarchie plus désastreux pour son progrès que les pires tyrannies.

Féodalité ecclésiastique. — Le clergé. — La tradition insulaire conserva, du gouvernement des Pisans le meilleur souvenir : « Leurs juges, dit Giovanni della Grossa, savaient se concilier l'affection des grands de la classe moyenne et du peuple, parce qu'ils maintenaient seigneurs, gentils-hommes, gens du peuple et autres dans le rang qui leur convenait. Cette paix et cette union profonde firent oublier les malheurs des temps passés ; on bâtit ces belles églises qui sont aujourd'hui les plus anciennes, des ponts superbes et beaucoup d'autres édifices d'une architecture remarquable et d'un art singulier dont quelques-uns subsistent encore aujourd'hui. »

Il est certain que le gouvernement ecclésiastique des Pisans ne pouvait qu'adoucir la condition des classes populaires et surtout des serfs de corps s'il en subsistait. Dans tous les pays d'occident, aux temps les plus durs de la féodalité, le fait de devenir le serf d'un évêque ou d'une abbaye était considéré comme une grande amélioration de sort. Mais les abus ne tardèrent pas à se faire jour. La féodalité ecclésiasti-

que s'implanta dans les mœurs et emprunta
à l'autre jusqu'à ses caractères de trans-
mission héréditaire. Les bénéfices passent
du père au fils. En Corse un prêtre commence presque toujours la fortune d'une
famille. C'est d'après la chronique le cas des
Cortinchi, ce sera au xve siècle celui de la
puissante maison d'Omessa dont les chefs,
prélats batailleurs, partageront les bénéfices entre leurs fils naturels. Un prêtre
violent, Abram de Belgodere, à la même
époque, relèvera en Corse la famille abaissée des marquis et contraindra les moines
de Portovenere à restituer une part des
biens abandonnés par la faiblesse des Obertenghi dont il revendique l'héritage pour
le laisser à ses bâtards. On pourrait mul-
tiplier les exemples ; il va de soi que c'est
par une aristocratie religieuse que le pape
voulait faire diriger la Corse, aristocratie
de vertu, de discipline et surtout de soumission à l'Eglise ; or l'abbaye qui fut la
plus favorisée en Corse, qui y recueillit le
plus de bénéfices « était, au dire de Grégoire IX (1231), complètement dépravée
et souillée de tous les vices des moines ».

VII

Géographie féodale de la Corse. — *Marchesato.*
— Les vassaux des marquis et leurs voisins.
— Les Cinarchesi. — Leurs vassaux et leurs
voisins (1).

Géographie féodale. — Il serait difficile de dresser une carte féodale de la Corse
qui pût servir à l'histoire d'un siècle tout
entier. Les fiefs sont mal délimités et leur
étendue varie constamment ; ce sont moins
les territoires que le nombre et la position
des châteaux qui font l'importance des seigneuries ; ces repaires, qu'aucun domaine
bien circonscrit ne relie entre eux, sont
édifiés, ruinés, pris, échangés plusieurs

---

1. Archives : Ajaccio, Gênes, Pise, Turin, *fonds cités.* —
Gênes not. *Thealdus de Sigestro, Azone de Clavica, Zino Vivaldi
de Porta.* — *Diversorum notariorum,* ms. 103. — Pise, *San-
Michele-in-Borgo.*

Source narrative : Giacopo D'Oria, *Ann.* ms. du *British-
Museum.* publ. dans Pertz, *M. H. G.*

Recueils: *Liber Jurium,* I. — *Annales Camaldulenses.* — Dal
Borgo, *op. cit.*

Ouvrages : Giovanni della Grossa, *Chron.* — *Orig. et généal.
dei marchesi di Massa-Malaspina,* ms. Archives de Turin.

fois au cours d'une même année ; rien ne précise les limites fragiles du domaine presque toujours contesté. Cependant, nous croyons nécessaire de grouper ici quelques indications sur les familles féodales, et les pays qu'elles régissent, indications sans lesquelles il est impossible de comprendre l'enchaînement des luttes qui ensanglantèrent la Corse pendant le moyen âge (1).

Les marquis, leurs vassaux et leurs voisins. — Si l'on ne peut prouver d'une façon absolue que les Obertenghi furent, à une époque donnée, les maîtres de l'île tout entière, l'état de leurs domaines au XIIIe siècle établit qu'ils possédèrent primitivement tout l'En-deçà-des-Monts ; il leur reste encore : 1° au nord presque toute la Balagne, savoir les pièves

---

1. Il y a grand avantage, dit M. Auguste Longnon (*Atlas historique.* C. 22), à ne point négliger le point de vue strictement féodal, et c'est là un des côtés de la géographie du moyen âge que ne devraient jamais négliger les historiens de nos anciennes provinces. Sa parfaite connaissance permettrait d'ajouter quelques notions intéressantes à ce que l'on sait de l'histoire si souvent obscure des origines féodales, car la suzeraineté intermédiaire de tel grand seigneur laïque ou de tel prélat que le point de vue politique oblige à laisser dans l'ombre, est ordinairement le reflet d'une ancienne division territoriale sur laquelle on possède à peine quelques indices.

de Giussani (Olmi-Cappella), Ostriconi (Belgodere), Caccia (Castifao) ; 2º en allant vers le sud-est tout le pays compris entre les châteaux de Rostino et de Santa-Lucia qui leur appartiennent avec leur territoire ; 3º à l'ouest les pièves de Verde (Pietra-di-Verde) et de Pietra-Pola, prolongements au nord et au sud de la plage d'Aleria, sur une longueur de soixante mille environ (1). Si l'on ajoute à cela le Cap-Corse, où les vicomtes se sont rendus indépendants, et le territoire de Calvi qui semble avoir éprouvé le même sort, on voit que les terres occupées par les autres seigneurs corses dans la région est ne sont que des enclaves et que le *Marchesato* de Corse dut s'étendre avant le xiª siècle sur la moitié de l'île tout au moins.

Dans une famille seigneuriale de Speluncato avec laquelle les marquis signent trois traités en l'espace d'un siècle (1276-1368), on peut reconnaître les Pinaschi qui, selon Giovanni della Grossa, descendent d'un Pino Savelli venu de Rome en l'an 800,

---

1. Il y a concordance absolue quant aux fiefs des marquis entre le récit de Giovanni della Grossa, le ms. des archives de Turin, les actes de donation aux moines de Portovenere et le journal de l'expédition de Luchetto d'Oria en Corse en 1289.

mais qui en réalité tirent leur nom de la terre de Pino.

Les seigneurs de Bagnara prennent leur nom vraisemblablement du petit port de Bagnara près de Pise, et le transportent en Corse. En 1247, vingt-six membres de cette famille rendirent hommage au podestat de Pise. Marino de Ebulo pour les fiefs de Biguglia, Borgo, Stella, Montechiaro, Furiani, Croce et Patrimonio, c'est-à-dire au nord-est de l'île, au sud du Cap-Corse, les terres comprises entre les bouches du Golo et le golfe de San-Firenzo.

A la fin du XIIIe siècle on constate que les guerres des seigneurs de Loreto avec ceux de Bagnara ont été fatales à ces derniers. En 1289, Giovanninello de Loreto (dans la chronique, de Pietra-all'-Arretta), rendant hommage à la commune de Gênes déclare reconnaître la suzeraineté sur les châteaux de Patrimonio, Montemagno, Pozzopinsuto, Montasone, Cruce, Tenda, Pietra de Loreta, San-Damiano... etc. Ce document donnerait à supposer qu'il a expulsé les Bagnalinchi de leurs domaines s'il ne déclarait que cette liste est celle de tous les châteaux qu'*il a ou s'est efforcé d'avoir*.

C'est Orlando de Loreto (ou Pietra all'Arreta), croyons-nous, qui se fait représenter en 1207 au prononcé d'une sentence arbitrale par Alberto, abbé de San-Venero de Tiro, et autres Corses : il y est appelé Orlando di Nebbio ; l'autorité dont il jouissait dans ce pays nous est attestée par Giovanni della Grossa.

Les Loretesi, d'après la chronique, sont issus d'un juge, Alberto de Loreto « qui se fit seigneur ». Il en est de même des Cortinchi, descendants, suivant la tradition, d'un Guglielmo de Cortona, également juge. La turbulence des Cortinchi rend leurs seigneuries encore plus flottantes que les autres : Lumito, Pietrellerata, dans la région d'Ampugnani (canton de Porta), Gaggio (canton de Piedicorte) sont leurs principales possessions. La fortune de la famille des Cortinchi semble dater du xiiie siècle seulement : Oberto Cortinco en 1228, Opizzo-Pernice Cortinco en 1242 furent les avoués de l'abbaye de Monte-Cristo en Corse ; ils en profitèrent : Opizzo-Pernice, d'abord *podestat de la raison*, c'est-à-dire juge au civil et au criminel, devint évêque de Mariana ; Orlando Cortinco fut évêque d'Aleria ; ces deux prélats sur le compte desquels la chronique nous a conservé des notices peu édifiantes, laissèrent à leurs bâtards et à leurs neveux toute une série de petites forteresses enclavées dans la *Marchesato* et une autorité qui survécut de beaucoup à celle des autres familles de l'En-deçà-des-Monts.

Au nord-ouest de la Casinca sont les seigneurs de Lasco de Sant-Angelo ; Orezza a ses seigneurs particuliers ; les gentilshommes de Favalella, de la Rebbia, de Ampiano, de Ingula, de Covasina et autres possèdent des terres sur l'ancien domaine *obertingho*, les droits féodaux de ces derniers, s'ils en eurent jamais, n'ont pas laissé de traces. Le rôle des seigneurs du Cap-Corse relève de l'histoire générale ; nous les avons vu s'affranchir des marquis ; nous verrons bientôt s'établir la prépondérance d'Ansaldo de Mari au détriment des autres familles vicomtales.

Les Cinarchesi. — Leurs vassaux et leurs voisins. — Au xiiie siècle le territoire cinarchese comprend l'Au-delà des Monts presque entier, et les Biancolacci, agnats des seigneurs de Cinarca, ne peuvent plus être comptés que parmi leurs vassaux. Ils se divisent en Bianchi, seigneurs de Cappola (canton de Sainte-Lucie de Tallano), et en Rossi, seigneurs de Bisogeni (canton de Petreto et Bicchisano) ; leurs luttes intestines leur ont fait perdre la seigneurie de Cauro qu'ils possédaient en commun. Les Tralavetani, selon Giovanni della Grossa, les en ont chassés, mais les Stancone, Génois pratiques, revendiquent tous les droits des Biancolacci chez lesquels l'un deux s'est marié ; ils deviennent seigneurs de la Rocca de Cauro (canton de Bastelica). Plus au nord, dans le pays de Celavo (canton de Bocognano), sont les seigneurs de Sala. Au sud, dans la montagne, s'élèvent les tours des gentilshommes de Cagna, de Biscaglia, de Corcano, d'Attalà et d'Arescia (cantons de Levie et de Sainte-Lucie de Tallano), vassaux révoltés des Biancolacci, soumis avec toute la seigneurie della Rocca à Guglielmo de Cinarca, puis à son fils Giudice.

Dans le territoire cinarchese, l'évêque d'Ajaccio possède quelques terres en toute propriété féodale : une concession sera faite aux D'Oria en 1272 sur ce domaine. Suivant une tradition qu'on ne peut accepter qu'avec réserve, l'évêque possède encore, sur la côte du golfe d'Ajaccio qui

fait face à la cité, le comté de Frasso, donation, dit la légende, d'un comte Peverello
partant pour la croisade.

VIII

Premiers rapports des Génois avec les Corses. —
Guelfes et Gibelins. — Les héritiers des Obertenghi au xviiiᵉ siècle. — Adelasia. — Acquisition de différents fiefs au Cap-Corse par
Ansaldo de Mari. — Sinucello de Cinarca (1).

**Premiers rapports des Génois avec
les Corses.** — En 1219, Frédéric, devenu
empereur, reconnut les droits du Saint-
Siège sur l'île. Les Génois alors maîtres
de Bonifacio, que les Pisans ne contestaient
plus officiellement, commencèrent à dési-
rer la suzeraineté de la Corse. Pour y

---

1. Archives : Gênes, *Paesi diversi*, 346 ; *notaires Tealdo de
Sestri, Azone de Clavica, Nicolo de Porta, Vivaldo de Porta.* —
Pise, *Arch. delle Primaziale ; San-Michele in Borgo.* — Rome,
Arch. Vat., *Pergamene.*

Sources narratives : Ob. Stancone et Giacopo D'Oria,
Ann. Gen. — Salimbene, *Chron.*

Recueils : *Lib. Jurium R. G.* — *Miscellanea* Poch, ms. de
la Bibl. Berio à Gênes. — Richerius Fol. not. ms. des Arch.
de Gênes.

Ouvrages : Giovanni della Grossa, *op. cit.* — Petr. Cyrnæus,
op. cit. — Raynaldi, *Ann. Eccl.* — Roncioni, *Hist. Pisane.* —
Tronci, *Memorie istoriche della città di Pisa.*

parvenir, ils tentèrent d'abord les moyens conciliants et cherchèrent à s'attacher les plus puissants d'entre les féodaux. Ce fut ainsi que les seigneurs de Cinarca et les Biancolacci furent amenés à signer des traités d'alliance avec les Bonifaciens. Soit mauvaise foi de la part des contractants, soit désobéissance du fait de leurs vassaux, ces pactes furent fréquemment rompus. La plus ancienne de ces conventions est de 1222: le 5 septembre, Opizzo de Cinarca, chevalier, et Guglielmo Biancolaccio se font admettre ensemble au nombre des citoyens de Bonifacio. Ils s'engagent à aider ladite commune contre ses ennemis, et à se tenir à la disposition du podestat et des consuls de Gênes, sans toutefois que cet engagement puisse porter en quoi que ce soit préjudice à leurs droits. Nous sommes déjà dans la seconde phase de l'histoire des communes. Il n'y a pas un siècle qu'elles se faisaient confirmer leurs privilèges par les seigneurs ; maintenant elles se les attachent par les liens d'une bourgeoisie honoraire, sans toutefois attaquer encore leur autorité : ces actes sont des accords de puissance à puissance ; dans peu, nous verrons en Corse, comme en Ligurie, les seigneurs reconnaître la suzeraineté de la commune.

En 1239, le chef de la maison de Cinarca est Arrigo, neveu d'Opizzo. Il a deux frères, Guido et Guglielmo, qui s'entendent assez mal avec les Bonifaciens. Pour lui, il a été armé chevalier à Gênes ; mais, à son retour, ses soldats se sont livrés à la maraude sur les terres des Bonifaciens et ont pillé leurs bestiaux; voilà ce que nous apprend une série d'actes rédigés par un notaire de Bonifacio, contemporain.

Les Génois comptaient alors en Corse parmi leurs alliés une branche des Biancolacci, seigneurs de Bisogeni et les seigneurs de Cagna ; aussi Guido et Guglielmo de Cinarca, et leurs alliés les Rossi, les traquaient-ils de leur mieux. Le 24 février 1239, une transaction intervint entre Arrigo de Cinarca et Galvano Stancone, ce dernier, représentant les seigneurs partisans des Génois.

Le 18 juillet 1239, Arrigo signait avec les châtelains de Bonifacio, représentant la commune de Gênes, un véritable traité de paix que sanctionnait l'évêque d'Ajaccio, Aldobrando. Arrigo promettait au nom de ses frères, Guido et Guglielmo, la cessation de toute hostilité, et s'engageait à armer toutes les forces de la Corse contre Guido Rosso, s'il refusait d'adhérer à la paix.

Aucun document ne nous donne le résultat de ces négociations. Selon toutes probabilités, les conventions n'eurent qu'un effet passager comme toutes celles qui furent établies dans la suite, violées généralement par les Corses ou les Génois l'année même de leur adoption.

D'après Giovanni della Grossa qui a ignoré l'existence d'Arrigo, Guido de Cinarca se rallia au parti génois pendant que son frère Guglielmo continuait la guerre. Guido est la tige de la maison de Leca, de Guglielmo sont issues celles della Rocca, d'Istria, d'Ornano et de Bozzi.

Guelfes et Gibelins. — Les luttes des Guelfes et des Gibelins qui ensanglantèrent l'Italie pendant le XIIIᵉ siècle n'épargnèrent pas la Corse : Gênes, on le sait, tenait pour le pape et Pise pour l'empereur ; mais dans les deux républiques des rivalités, des jalousies personnelles armaient les citoyens les uns contre les autres et décidaient du choix de la bannière sous laquelle ils abritaient leurs haines et leurs vengeances. En 1226, l'un des seigneurs du Cap-

Corse, Guglielmo de Mari avait formé à Gênes une brigue contre les communautés ou compagnies qui avaient accaparé le pouvoir et jusqu'en 1247 les Mari, pour la plupart, restèrent en hostilités ouvertes avec la commune.

Les héritiers Obertenghi au XIIIe siècle. — Adelasia. — Au milieu de tous ces désordres le rôle des marquis de Corse tend à s'effacer. Ennemis naturels de la commune de Gênes, ils sont forcés d'entrer en transaction avec elle. En vain Andrea Bianco essaie-t-il de lutter ; en 1223, il abandonne à la république son château de Parodi moyennant une allocation annuelle de cinquante-cinq livres. Belloamore de Porto-Venere se rend en Corse et achète, pour une rente de quarante-cinq livres au nom de la commune, tous les droits de Corrado et Opizo, cousins d'Andrea, sur ledit château.

Avec le temps, le dénûment des marquis s'accentue, c'est à peine si certains d'entre les vicomtes leur rendent encore un platonique hommage. On les retrouve à Pise, vivant en citoyens plus qu'en princes, cherchant à vendre quelques biens dont la possession leur est d'ailleurs contestée, empruntant

des sommes minimes dont les intérêts s'ac-
croissent au détriment des créanciers. Leurs
misérables châteaux corses, auxquels ils
viennent redemander parfois un abri, leur
sont disputés par leurs anciens vassaux avec
lesquels ils luttent à main armée, souvent
sans succès.

Adelasia d'Arborea, petite-fille, par sa
mère, de Guglielmo, marquis de Corse, y
possédait de ce chef des apanages (1).
Elle épousa Ubaldo Visconti, seigneur
pisan qui ne tarda pas à adjoindre par la
violence aux états de sa femme la plus
grande partie de la Sardaigne. Fût-ce parce
qu'il considérait les Corses de la faction
adverse comme des sujets rebelles, fût-ce
pour inspirer la terreur de son nom, toujours est-il que Tronci raconte qu'ayant fait
prisonniers des Corses réfugiés en Sardaigne, il les fit marquer au visage avec un
fer rouge (1230).

Après la mort d'Ubaldo, Adelasia épousa

---

1. Hugues de Baux, époux d'une fille de Guglielmo, prend
au commencement du xiiie siècle les titres de marquis de Corse
et juge de Cagliari, ce qui veut dire qu'il participe aux
revenus du marquisat de Corse et du judicat de Cagliari.
Hugues de Baux est le Ugo de Basso qui fit des donations
aux moines de Montecristo erronément anditatées de deux
siècles dans tous les recueils.

Enzio, fils de Frédéric Barberousse (1240), qualifié dans son épitaphe roi de Sardaigne et de Corse, bien qu'aucun document authentique ne lui donne cette appellation. Cependant il est certain que ses partisans furent assez nombreux dans l'île pour provoquer plus tard leur mention dans une bulle de pardon général à ceux qui avaient suivi son parti. Par son ordre, un évêque avait été chassé de Corse et Salimbene rapporte que le malheureux prélat s'était retiré à Gênes où l'avarice de l'archevêque le contraignait à copier des manuscrits pour vivre (1).

En 1236, Adelasia avait rendu hommage au Saint-Siège pour les fiefs qu'elle possédait en Sardaigne et en Corse. Son mariage avec Enzio la fit comprendre dans l'excommunication qui frappa toute la famille de Frédéric Barberousse, mais les mauvais traitements dont son mari l'accabla, au dire des vieilles chroniques sardes, la poussèrent à recourir au pape dont elle implora le pardon et le secours. Les frais occasionnés par les ambassades de l'infor-

---

1. Salimbene ajoute qu'il fut lui-même ordonné prêtre par ce prélat.

tunée souveraine que son mari avait dépouillée de tous ses biens, furent supportés par des bourgeois de Bonifacio. En 1245, ils réclamèrent à Adelasia le remboursement de leurs frais.

Acquisition de différents fiefs au Cap-Corse par Ansaldo de Mari. — Le haut commandement exercé par Ansaldo de Mari, qui était amiral des flottes impériales, dut entraîner beaucoup de Corses dans la faction gibeline. En 1242, Ansaldo, pour éviter la flotte génoise dont les forces étaient supérieures aux siennes, s'était retiré au Cap-Corse où sa famille avait des droits de co-seigneurie. Ce fut vers cette époque apparemment qu'il conçut le projet d'acquérir la totalité des terres occupées par les familles vicomtales pour enlever aux Guelfes de Gênes tout point de stationnement dans les mers de Provence et de Ligurie. En février 1246 il acheta les fiefs et châteaux de San Colombano, Filetto et Finucolo tenus en commun par Oberto Avogari et Tomaxino de Camilla ; au mois d'octobre Sosone Pevere lui fit cession à Pise des châteaux de Montalto, Ovellia et Minerba moyennant deux mille livres. En août 1249 Ansaldo acheta d'Adrovando de Campo ses biens de Cap-Corse. Aux termes du contrat, celui-ci abandonnait à Ansaldo tous ses droits sur les terres acquises par lui ou ses ancêtres sur les marquis de Massa, de Rostino, les Pevere ou les Avogari. Toutes ces cessions ne durent pas être très spontanées de la part des vendeurs et Giovanni della Grossa disant que les Avogari partagèrent avec lui leurs seigneuries parce qu'ils étaient trop faibles pour lui résister, paraît avoir été sur ce point assez bien informé, car, au courant de ces acquisitions (1247), Lanfranco Avogari étant mort et son fils Antonio ayant fait fortifier son château, Ansaldo s'en empara.

Il semble que ses procédés d'acquisition aient contribué à rallier au parti gibelin les seigneurs de Bagnara, ses plus proches voisins. Le 23 novembre 1248 (1), ceux-ci au nombre de vingt-cinq, rendent hommage en la personne de leur aîné, Rinieri, fils de Cacciaboto, au podestat de Pise,

---

1. Limperani *(Historia di Corsica)* a contesté à tort la date de cet acte, parce qu'il ne trouvait pas à Pise, disait-il, de podestat du nom de Marino de Ebulo en 1248. La critique ne résiste pas à l'examen car le rôle de ce personnage est parfaitement connu aujourd'hui.

Marius de Ebulo, vicaire de l'empereur Frédéric.

Sinucello de Cinarca. — Vers la même époque, si l'on s'en rapporte aux chroniques, (1) vivait à Pise Sinucello de Cinarca (dont le père, Guglielmo, avait été assassiné par ses propres neveux) célèbre en Corse sous le nom de Giudice. Dépouillé de ses biens, il n'attendait pour reparaître en Corse que d'être en mesure de revendiquer son héritage par les armes. Les Pisans lui en fournirent les moyens. Vers 1250, il rentra en Corse et reconquit les fiefs paternels sur ses cousins Arriguccio et Rinieri, mortellement frappés l'un après l'autre au cours de ces luttes.

Ce sont les chroniques de Giovani della Grossa et de Petrus Cyrnæus qui nous ont transmis le récit de ces événements dont il est difficile de vérifier l'exactitude.

Il est probable que ces représailles s'exercèrent de 1250 à 1258 (2), date à laquelle

---

1. 1246, suivant Roncioni. *Histoire Pisane.* Roncioni, qui paraît avoir copié textuellement ses citations sur la Corse dans Ceccaldi, diffère cependant de la chronique nationale sur certains points. C'est ainsi qu'il fait de Sinucello le fils de Guido tandis que les documents sont d'accord avec la chronique qui dit que Guglielmo eut trois fils : Sinucello, Ladro et Truffetta.

2. On pourrait dire 1257 car, cette année-là, Arriguccio était

Sinucello qui prit alors le nom de Giudice fit sa première soumission à la commune de Gênes.

On voit par ce qui précède que la Corse, bien qu'en proie aux factions guelfe et gibeline, ne se trouve mêlée à l'histoire de cette période dans aucune de ses grandes lignes. Les marquis sont gibelins parce que la commune les a dépouillés de leurs terres, les Mari parce qu'elle les a exclus du gouvernement, Giudice de Cinarca parce qu'il a des vengeances personnelles à satisfaire, les seigneurs de Bagnara parce qu'il serait dangereux de contrarier leurs voisins.

Dans le parti adverse : les seigneurs de Cinarca, cousins de Giudice, les Cortinchi et quelques petits chefs ambitieux. Tous attendent des Génois une aide contre les maîtres de la veille, les marquis, luttant encore pour une vaine suzeraineté, et le maître de demain, Giudice, dont il faudra bon gré mal gré reconnaître la prépondérance.

---

déjà mort, et ses enfants étaient sous la tutelle de Sibellina, leur mère ou grand'mère. En février 1252, Guido, fils d'Arriguccio, fut jugé responsable de différents actes de pillage commis par ses vassaux sur les terres des Bonifaciens.

IX

Premier hommage de Giudice à la commune de Gênes. — Expédition d'Isnardo Malaspina. — Castro-Lombardo. — Premiers différends entre Giudice et les Génois. — Nouvelle alliance de Giudice avec les Bonifaciens. — Arriguccio et Rinieri de Cinarca rendent hommage à la commune de Gênes. — Expéditions génoises en Corse. — Intervention des Pisans. — Bataille de la Meloria. — Expédition de Luchetto D'Oria. — Dernières guerres des Génois contre Giudice. — Traités de paix entre les Pisans et les Génois. — Captivité et mort de Giudice (1).

(1258-1300).

Premier hommage de Giudice à la commune de Gênes. — En décem-

---

1. ARCHIVES : Gênes, *Paesi diversi*, 346. — *Materie politiche* — Not. *Nicolo de Porta, Giocopa de Albario.* — *Divers. notar.* — Pise, *Spedali Riuniti.*

SOURCES NARRATIVES : Ob. Stancone et Giacopo D'Oria. *Ann.* — Salimbene, *Chron.* — *Chron. du Templier de Tyr.*

RECUEILS. *Liber Jurium.* t. I et II. — *Codex dipl. Sardiniæ,* t. I.

OUVRAGES : Giovanni della Grossa, *Chron.* — Petr. Cyrnæus, *De rebus Corsicis.*

bre 1258, Giudice envoya son frère, Ladro de Cinarca, rendre hommage en son nom aux châtelains de Bonifacio représentant la commune de Gênes (4 décembre). Dans ce contrat que Giudice ratifie en personne un mois après (10 janvier 1259), les deux frères s'engageaient à ne rien tenter contre les Génois ou les Bonifaciens ; ceux-ci, de leur côté, promettaient de traiter Giudice comme leur concitoyen. Toute contravention devait être punie d'une amende de mille marcs d'argent.

Expédition d'Isnardo Malaspina. — Castro Lombardo. — De 1259 à 1277 nous n'avons aucun acte concernant Giudice. Cependant d'importants événements se sont produits en Corse ; et, même dans le territoire cinarchese, l'influence de Giudice semble diminuer car, en 1261, les seigneurs de Carcano, ses vassaux, traitent directement avec les châtelains de Bonifacio En 1269, Isnardo Malaspina, appelé par des Corses, débarque dans l'île avec des chevaliers et six cents hommes de pied. Enfin, en 1272, l'évêque d'Ajaccio concède aux D'Oria un territoire dans son diocèse pour y fonder une colonie à l'instar de

Bonifacio (1). Un traité d'alliance unit la commune de Gênes à Rollando seigneur de Sala (Salaschi), voisin de la nouvelle colonie. Celle-ci ne jouit d'ailleurs que d'une existence éphémère, car la flotte du fantasque Charles d'Anjou détruit la nouvelle forteresse : Castro Lombardo (2). Les Génois tenteront à Calvi un nouvel essai de colonisation sur la côte occidentale.

Premiers différends entre Giudice

---

1. Le 7 mai 1272, le statuts de la nouvelle colonie furent remis à Nicolo Bottario, podestat de Castro Lombardo (Paris, *Arch. du Ministère des Affaires Etrangères, Liber Jurium.*, t. VII, folio 290). Les colons devaient être au nombre de cent et choisis dans des professions diverses : forgerons, cordonniers, pelletiers, charpentiers, tailleurs, médecins, constructeurs de bateaux. Ils prenaient pour eux et leurs descendants l'engagement de rester à Castro Lombardo. Un aide, fils, frère ou neveu, âgé de plus de douze ans, leur était imposé. Chacun était tenu de consacrer aux travaux du fort trois jours par semaine sans salaire pendant les trois premières années de son séjour. Dans la première année, ils devaient construire cent maisons.

On concéda à Nicolo Bottario le commandement de la place pour cinq ans, avec les droits et privilèges dont jouissaient à Bonifacio les châtelains et les podestats. Pour son entretien, et celui de sa suite, cent vingt livres de Gênes lui étaient attribuées. Deux mille quatre cents livres restaient à répartir en trois ans entre les colons qui resteraient possesseurs du territoire concédé, sans que la commune pût imposer à eux ou à leurs héritiers aucune taxe ou prestation.

2. Il y a lieu de croire que l'auteur de ce coup de main fut Guillaume de Melun, l'un des compagnons de Charles d'Anjou dans cette expédition, à qui son épitaphe donne le titre de *comte de Corse* (Le P. Anselme, *Histoire des grands officiers de la Couronne*, t. V, p. 224).

et les Génois. — Giudice semble voir tous ces événements, auxquels il est étranger, d'un mauvais œil : que les Génois exercent sur la Corse une suzeraineté honoraire, il s'en soucie peu ; mais qu'ils s'établissent en maîtres aux frontières du fief paternel, qu'ils traitent directement avec ceux des insulaires qu'il a l'habitude de considérer comme ses vassaux, il en est offensé. Cependant, il ne se sent pas assez fort pour leur faire la guerre ouvertement, il se contente de leur rendre le séjour de l'île insupportable. En 1277, les Bonifaciens commencent à se plaindre à la commune de Gênes : Giudice de Cinarca s'est emparé de leurs salines et y fait le sel ; ses soldats ont envahi le district de Bonifacio et y ont construit une forteresse.

Le podestat de Gênes et les consuls dépêchèrent au chef corse des ambassadeurs chargés de lui faire des remontrances assez douces : « La commune de Gênes, dirent-ils, se refuse à croire les crimes dont on vous a chargé, vous, Giudice de Cinarca, citoyen génois, dont les ancêtres ont toujours été considérés par la commune comme des fils ; aussi ne veut-elle pas agir envers vous comme envers un étranger;

les chefs des anciens nous ont envoyés à vous pour apprendre la vérité de votre bouche, car si les accusations portées étaient vraies, la commune, prenant en considération votre fidélité et celle de vos ancêtres, vous traiterait en fils, conformément à la parole divine qui dit : « Si ton fils pèche, avertis-le ». Ils lui représentaient en outre qu'il n'avait aucun droit sur le district de Bonifacio, mais que, s'il croyait en avoir, c'était devant la commune de Gênes qu'il devait les faire valoir.

La harangue resta sans succès ; les ambassadeurs rédigèrent à Propriano un procès-verbal de leur entrevue (12 octobre 1277) ; on y voit que Giudice, ayant opposé un refus formel de souscrire à leurs propositions, ils le sommèrent de venir se justifier à Gênes, en personne ou par l'entremise d'un représentant.

Le 3 juillet 1278, Facciolo de Savignone, podestat de Bonifacio, fit lever une copie authentique de l'acte de 1259 (10 janvier), par lequel Giudice s'engageait à être fidèle à la commune de Gênes sous peine de mille marcs d'argent. Le 11 décembre suivant, Giudice reconnaissait, en présence de Pasquale de Mari, podestat de Bonifacio, tenir tous ses biens de la commune. Celle-ci, de son côté, s'engageait à le soutenir contre ses ennemis.

Nouvelle alliance de Giudice avec les Bonifaciens. — Le 20 janvier 1280, Giudice de Cinarca se rendit à Campodena, dans le district de Bonifacio, et déclara devant les anciens qu'il voulait faire alliance avec eux et désormais être le fidèle soutien de la commune de Gênes. Il rappela les services qu'il avait déjà rendus en soumettant tous les petits féodaux qui inquiétaient le territoire de Bonifacio. « Le district, dit-il, était alors une véritable caverne de voleurs : les seigneurs de Cagna, de Biscaglia, de Corcano, d'Attala, d'Arescia et les Biancolacci en étaient les maîtres, et la commune de Gênes n'y pouvait rien. Ils volaient mes vassaux, dérobaient mes bestiaux et ceux des Bonifaciens. Tous ceux qui habitent Bonifacio depuis longtemps savent qu'aujourd'hui, grâce à Dieu, moi veillant, ils peuvent dormir et reposer sans crainte... désormais, si les Bonifaciens ont à lutter contre des ennemis, je serai leur pasteur et leur défenseur. » On voit que Giudice a reconquis sa place en Corse, et qu'il n'entend plus être traité en vassal. Le 2 février 1280, un accord a lieu entre lui et les Bonifaciens ; mais les deux partis ne changeront rien à leur conduite et la guerre est imminente.

Arriguccio et Rinieri de Cinarca rendent hommage à la commune de Gênes. — Expéditions génoises en Corse. — La situation s'aggravait ; la république avait décidé d'en finir avec Giudice. Arriguccio et Rinieri de Cinarca (1), mécontents de la suzeraineté de leur parent et espérant, grâce à la protection génoise, recouvrer en Corse la supériorité dont ils se croyaient lésés, n'attendirent pas que les troupes fussent arrivées : ils se rendirent à Gênes où, le 10 avril 1282, ils firent hommage de leurs biens féodaux entre les mains d'Oberto Spinola et d'Oberto D'Oria, capitaines du peuple, qui leur en donnèrent immédiatement une nouvelle investiture. A la fin du mois, quatre galères montées par cinq cents fantassins et deux cents balestriers, sous les ordres de Francesco de Camilla et de Nicolino de Petratio, partirent pour la Corse.

---

1. Fils d'Arriguccio, suivant l'acte d'hommage, fils de Rinieri, d'après l'acte d'investiture, selon toutes probabilités, cousins germains et portant tous les deux les noms de leurs pères, ainsi que l'indique Giovanni della Grossa.

Le 1er juin, ils s'emparèrent de Castelnuovo (Baracci), que défendait Giudice en personne et obligèrent les Corses à battre en retraite. Mais ceux-ci vinrent de nuit mettre le feu au château de Tauli où les Génois s'étaient arrêtés pour se reposer et les obligèrent à reprendre la campagne interrompue. En trente-huit jours, Nicolino et Francesco s'emparèrent de tous les châteaux de l'Au-delà-des-Monts ; Giudice fut forcé de s'enfuir à Aleria où il s'embarqua pour Pise. Là il rendit hommage aux Pisans pour les terres qu'il occupait en Corse, et sollicita leur appui. Les Génois alors demandèrent que le vassal rebelle leur fût livré ; à quoi les Pisans répondirent que, Giudice étant leur propre vassal, ils étaient disposés non pas à l'abandonner à ses ennemis, mais, au contraire, si besoin était, à lui prêter assistance. Pendant ce temps, Giudice rentrait en Corse et chassait les Génois des postes dont ils s'étaient emparés, ce qui lui fut d'autant plus facile que les troupes qui les gardaient étaient en grande partie composées d'insulaires.

Intervention des Pisans. — Bataille de la Meloria. — Traité entre les Pisans et les Génois. — La guerre con-

tinua entre les deux républiques. En février 1283, l'amiral pisan Rosso Buzacharino (1) débarqua avec cent cinquante Sardes dans le golfe de Santa-Amanza et, aidé par Giudice, ravagea les terres des Bonifaciens. Guglielmo Ferrario, Tomaso Spinola, Benedetto Zacharia, pour les Génois, Matteo Pazzi, Giovanni Cavalca, pour les Pisans, portent la guerre en Corse tour à tour. Le 5 août 1284, Oberto D'Oria aborde au Cap-Corse et reprend aussitôt la mer. Les deux flottes sont en présence et la victoire décidera de l'empire des mers si longtemps disputé. La bataille de la Meloria (5-6 août 1284) fut terrible : onze mille Pisans furent faits prisonniers, cinq mille périrent. Gênes, au lieu de renvoyer les captifs moyennant rançon, les garda ; ce qui acheva de ruiner sa rivale. La victoire coûta cher aux Génois. « Il y eut cette année, dit Fra Salimbene, plus de larmes et de gémissements à Gênes et à Pise, que jamais depuis jusqu'à nos jours. »

En Corse, Giudice reconquit son indépendance : Bonifacio, Calvi et une partie de la Balagne tenaient pour les Génois.

---

1. Roncioni (*Istorie Pisane*), l'appelle Bonacorso.

En 1286 Rollando de Latio, seigneur de Sant'Angelo à la suite de la prise de son château par les Génois, leur fit sa soumission.

Le 3 avril 1288, les bases d'un traité de paix furent proposées à la commune de Pise par ses citoyens captifs. Les Pisans devaient s'engager à soumettre Giudice aux Génois dans les quatre mois qui suivraient la signature du traité, et, pendant cet espace de temps, l'entretien des troupes génoises en Corse serait à la charge des vaincus, enfin, si, le quatrième mois, Giudice n'avait pas effectué sa soumission, la commune de Pise devait verser un trimestre nouveau de solde pour le maintien des garnisons. Dans le cas où Giudice ne se soumettrait pas, les Pisans s'obligeaient à le traiter en banni ainsi que ses enfants et tous les membres de sa famille (15 avril 1288).

Expédition de Luchetto D'Oria. — Ce traité conclu, Gênes tenta d'en faire exécuter les clauses. Giudice restait maître de la plus grande partie de la Corse et, malgré les sages avis de Jacopo D'Oria (1),

---

1. Jacopo D'Oria termine la série des annalistes génois commencée par Caffaro. Son récit, qui s'arrête en 1293, est

le gouvernement de la république avait résolu de l'en chasser. On attendit le printemps de l'année suivante et, le 10 mai 1289, Luchetto D'Oria, à la tête de deux cents chevaliers et de trois cents fantassins, débarquant à Propriano, campait à Baracci. Aussitôt Giudice se retire dans la montagne et ses ennemis se groupent autour de Luchetto à qui ils viennent rendre hommage à Baracci. Le 19 mai, Tedixio Biancolaccio se soumet, puis, le 24, arrivent les plus proches parents de Giudice, Rinieri de Cinarca, devenu son gendre, Guglielmo, fils de Rinieri, son petit-fils, Latro Biancolaccio, son beau-père. Luchetto envoie Rinieri et Arriguccio à Cinarca où flotte bientôt la bannière génoise ; pendant ce temps, il s'empare d'Olmeto, d'Istria, d'Ornano, de Contondine et de Tare. Ladro Biancolaccio qui a conservé chez lui la fille

---

digne de foi. En 1294, le 6 juillet, il présenta son œuvre au conseil des anciens qui l'en félicita chaudement. Jacopo D'Oria connaissait la Corse où sa famille possédait des biens : en 1284, son frère et lùi avaient aliéné à la commune de Gênes le château de Calvi. Il tenta donc de dissuader le conseil des anciens de cette entreprise dont il connaissait l'inutilité. Il avertit ses compatriotes qu'ils couraient au devant d'un abîme, et, dit Pertz, s'ils avaient suivi ses conseils, les Génois auraient épargné à la république des trésors engloutis pendant cin q siècles sans aucun résultat.

et la femme de Giudice (qui est sa propre fille) est sommé par Luchetto de les renvoyer.

Dans l'En-deçà-des-Monts, le général génois trouve peu de résistance ; le parti des Giovanninelli (du nom de leur chef, Giovanninello Cortinco) armé contre Giudice, est préparé à le recevoir. A Aleria, l'évêque, Orlando Cortinco, et ses deux neveux lui ouvrent les portes de la ville. Presque tous les Cortinchi font leur soumission ; les seigneurs donnent des otages, Luchetto prépose des gonfalonniers (syndics) aux pièves qui reconnaissent l'autorité génoise ; mais il est bientôt rappelé dans l'Au-delà-des-Monts où Rinieri, battu par Giudice (octobre), a dû abandonner Contondine qu'il avait reconstruit. Luchetto commence alors à soupçonner Rinieri de ne pas lutter assez chaleureusement contre son beau-père, et, le 9 octobre, il lui interdit de recevoir dans ses fiefs aucun Corse originaire des pays situés en Serra de Maninica et Bonifacio, sous peine de confiscation de ses propres biens. Comme Rinieri et Arriguccio de Cinarca possèdent un fief indivis, le 18 octobre, Luchetto en fait le partage et repasse les monts accompagné de Rinieri et de Ladro Biancolaccio. Les deux seigneurs sont chargés par lui d'arrêter les conventions d'un traité de paix entre différents membres de la famille Cortinchi en état d'inimitié (11 novembre). Le même jour, Luchetto D'Oria, *vicaire général en Corse pour la commune de Gênes*, en son nom et en celui de ladite commune, Ladro Biancolaccio, Rinieri de Cinarca, Guglielminello, son fils, Prenoccio de Telono et Opeccino son fils, Arrigucello de Cinarca, en son nom et au nom d'Arriguccio, son père, et Alberto de Talavo, jurent de se prêter aide et appui. Dans le cas où la discorde éclaterait parmi quelques-uns d'entre eux, les autres s'engagent à employer tous leurs efforts pour maintenir la paix.

Giudice, alors, voyant son parti diminuer de jour en jour, envoya proposer à Luchetto D'Oria de faire sa soumission, offrant de marier à Gênes une de ses filles. Dans une entrevue qui eut lieu à Faona, les deux adversaires jetèrent les projets d'une trêve qui devait durer jusqu'au carême. Giudice envoya à Gênes des ambassadeurs et reconnut, le 8 décembre, la suzeraineté de la commune ; mais quelques jours après, ses envoyés revinrent sans avoir pu accomplir leur mission, et la guerre recommença. Sur ces entrefaites, Luchetto D'Oria malade, dut s'embarquer pour Gênes, laissant le commandement à son frère Inghetto. Jacopo D'Oria constate amèrement alors « que la dépense de vingt-cinq mille livres nécessitée pour les frais de la campagne, a été stérile, et que les seigneurs corses continuent à recevoir Giudice chez eux et à le considérer comme leur chef et souverain ».

Dernières guerres des Génois contre Giudice. — Traités de paix entre les Pisans et les Génois. — Au mois de juillet 1290, Nicolo Boccanegra débarqua en Corse à la tête de quelques troupes génoises. Il ravagea Ornano, Istria et la plaine de Talavo, mais une épidémie l'obligea à rebrousser chemin et à rentrer à Bonifacio. Privé de ses soldats malades, il fit appel aux bourgeois et recommença la campagne, secondé par Arriguccio et Rinieri de Cinarca. L'expédition fut malheureuse : battu par les Corses, il dut bientôt retourner à Gênes, laissant Giudice maître sans conteste de l'île.

Les documents nous manquent sur les

expéditions qui suivirent : la guerre continua entre Corses et Bonifaciens, guerre qu'interrompaient parfois quelques courtes trêves pendant lesquelles se négociait l'échange des prisonniers. Giudice continuait à se dire vassal des Pisans ; aussi les Génois mirent-ils son bannissement parmi les clauses principales de la trêve de trente ans conclue avec les Pisans le 31 juillet 1299. « Les syndics de la commune de Pise s'engagent solennellement à bannir Giudice de Cinarca, sa femme, ses filles, ses fils, les femmes de ses fils, ses descendants de tout sexe, qu'ils soient issus ou non de légitime mariage ; à leur interdire tout séjour à Pise ou sur le territoire même de la commune de Pise. »

On ne saurait dire si cet article reçut un commencement d'exécution. On sait seulement qu'il fut annulé par le traité définitif du 24 juin 1431. Giudice était mort depuis environ vingt-cinq ans (1).

---

1. Les historiens modernes, Gregori, Jacobi, Friess, ainsi que l'auteur de l'article *Corse* dans la *Grande Encyclopédie*. font paraître Giudice pour la première fois dans l'île en 1282, Cette erreur provient de ce qu'adoptant la chronologie des annalistes génois, ils ont voulu suivre trop à la lettre le texte de Giovanni della Grossa. Ils racontent, d'après lui, que Guglielmo della Rocca étant mort, Giudice s'enfuit à Pise, y

Mort de Giudice. — Giovanni della Grossa et Petrus Cyrnæus racontent avec de longs détails les guerres que Giudice soutint dans sa vieillesse contre Giovanninello Cortinco. Ils disent en outre qu'il avait confié la garde de ses châteaux à ses fils naturels : Arrgo, Arriguccio, Salnese et Ugolino devenus ainsi seigneurs d'Attalà, de la Rocca, d'Istria et de la Punta di Rizeni ; que la trahison de Salnese le fit tomber aux mains des Génois et qu'enfermé à la Malapaga (1), prison réservée aux malfaiteurs, il y mourut âgé de près

------

fut élevé secrètement, et que, parvenu à un rang élevé dans les armées, il fut envoyé en Corse pour y relever le pouvoir chancelant des Pisans. Mais Giovanni della Grossa, qui semble n'avoir eu sur l'armement fait par la république pisane pour soutenir Giudice que de vagues notions, fixe à 1245 son arrivée en Corse. Quant à la date adoptée par les historiens précités, il faudrait, pour l'admettre, supposer que le Giudice qui figure dans les actes de 1258, 1278 et 1281 n'est pas celui qui s'illustra par ses luttes contre les Génois, supposition inadmissible, car Jacopo D'Oria, dans ses annales, dit formellement que les Génois étaient d'autant plus blessés de la conduite de Giudice que celui-ci avait fait serment de fidélité à la république et avait été armé chevalier par Giovanni Boccanegra, capitaine du peuple de Gênes. Le *Templier de Tyr* également contemporain, dit qu'en 1286, un « grand seigneur qui se disait juge de Chinerc, seigneur d'une isle qui a nom Corse, qui était homme de la commune de Gênes, se fit homme de la commune de Pise ». L'identité de Giudice est donc aujourd'hui absolument établie.

1. La *Malapaga* où mourut Giudice sert aujourd'hui de bureau de douane du port franc de Gênes.

de cent ans. Le *Templier de Tyr*, contemporain de Giudice, confirme par son témoignage le récit des chroniqueurs. « Les
Pisans, dit-il, abandonnèrent le juge de
Chinerc de Corse, lequel vint à la merci de
la commune de Gênes qui le tint en prison
avec Pisans et Vénitiens, et mourut après
ledit juge de Chinerc. »

X

Boniface VIII donne la Corse au roi d'Aragon. — Branca D'Oria en Corse. — La Corse au XIIIᵉ siècle. — Pirateries des seigneurs et des corsaires étrangers. — Descente des Pisans en Corse. — Premiers rapports des Corses avec les souverains aragonais. — Aitone D'Oria (1). (1300-1336).

Boniface VIII donne la Corse au roi d'Aragon. — Pise abaissée par le traité de 1299, Giudice disparu, les Génois occupés par leurs guerres intestines, se désintéressent de la Corse. En 1297, le pape Boniface VIII voulant favoriser l'établissement

1. Archives : Pise, *Provisioni degli Savii,* III, IV. — *Provisioni degli Anziani,* VII, VIII, IX, X. — *Ambascerie.* — *Deposito Simonelli.* — *Regio acquisito Cappelli.* — Barcelone, Corona de Aragon. *Sardiniæ et Corsicæ* 342. — Gênes. *Divers. notar. ms.* 103.

Sources narratives : Muntaner, *Chronica o descriptio dels fets et hazanges del enclyt rey don Jayme primer Rey d'Aragon.*

Recueils : *Codex dipl. Sardiniæ.* — Jaffé. — Mollard. *Rapport sur les Archives de Pise.* — *Inventaire Garampi,* recueil aux Archives du Vatican.

Ouvrages : Giovanni della Grossa, *Chron.* — Zurita, *Les cinco libros primeros de la primera parte de los annales de la Corona de Aragon.*

de la maison d'Anjou en Sicile avait obtenu de Jayme II, roi d'Aragon, l'abandon de ses prétentions sur ce pays, moyennant l'investiture de la Corse et de la Sardaigne sur lesquelles le pontife affirmait ainsi ses droits de suzeraineté. Cette donation passa d'abord inaperçue (1), l'opinion générale faisait encore de la Corse un fief des Pisans : leur influence alors y était presque nulle, mais en Sardaigne elle subsistait ; aussi la république fut-elle grandement impressionnée quand elle fut invitée par le pape à seconder le roi d'Aragon pour la conquête de la Corse et de la Sardaigne. Boniface mourut peu après ; mais ses successeurs n'abandonnèrent pas ses projets : le 28 mai 1304, une bulle de Clément V rappelait la donation de 1297 et l'année suivante (29 octobre 1304) Jayme rendait hommage au Saint-Siège pour les fiefs concédés. En vain les Pisans essayèrent-ils de racheter par des présents les îles qui leur échappaient ; le roi, ébranlé un moment, s'unit au fameux condottiere Castruccio Castracani et résolut de prendre possession de ses nouveaux états.

---

1. Par exemple aux yeux de Feretto Vicentino, chroniqueur de la fin du XIIIe siècle, qui dit que la Corse appartient aux Pisans.

Branca D'Oria en Corse. — En Corse, comme en Sardaigne, l'influence génoise devenait prépondérante par suite d'expéditions d'un caractère privé dont les maisons gibelines se réservaient le monopole. De même qu'Ansaldo de Mari, au siècle précédent, avait acquis le Cap-Corse pour s'en faire un bastion contre sa propre patrie, certains membres des familles D'Oria et Spinola envahissaient la Sardaigne et la Corse pour satisfaire leur ambition personnelle et tenir en échec les Fieschi et les Grimaldi qui prédominaient dans les Rivières, ainsi que leurs propres parents dont ils étaient souvent les ennemis les plus acharnés. Les Malaspina et les marquis de Massa conservaient en Sardaigne quelques seigneuries. Les marquis, chassés de Lunegiana en 1316 par Castruccio Castracani, étaient inquiétés en Corse par leurs anciens vassaux les Cortinchi et les Pinaschi ; Biguglia, principale place forte de la Corse, appartenait à Corrado Spinola. Quant aux D'Oria, ils y étaient tout-puissants : le chef de la branche de Nurra, Branca aspirait à la souveraineté de la Sardaigne. Marié à Bianca, sœur du malheureux Enzio, Branca D'Oria avait assassiné son beau-père pour lui succéder. Quelques prétextes, sévèrement appréciés par le Dante, lui permirent d'agrandir ses Etats au détriment de ses voisins. En Corse, Branca faisait certainement sentir sa main de fer sur certains points, car nous savons que c'est là qu'il reléguait ses prisonniers.

La faction gibeline de Gênes était alors exilée. En son nom, Branca D'Oria inféoda la république de Gênes à Matteo Visconti, dit le Grand, seigneur de Milan, et fit donner à Stefano Visconti, fils de Matteo, le titre de *capitaine général des fidèles de l'Empire de la cité de Gênes*. Enfin s'attribuant modestement à soi-même la qualité de vicaire de ce dernier, il vint en personne prendre possession de Bonifacio (1321) (1) sans relations avec la république depuis deux ans. Les bourgeois consentirent à tout, sous condition que les soldes arriérées leur seraient payées, qu'ils seraient indemnisés des dommages subis pendant les dernières guerres, enfin que Branca D'Oria mettrait un frein aux dépradations dont ils étaient l'objet de la

---

1. Limperani et, après lui, plusieurs écrivains ont reporté erronément cet acte à l'année 1421.

part des Corses et des Pisans. Branca laissa comme podestat son parent Alaone D'Oria, avec le titre de vicaire général en Corse *pro extrinsecis Janue* (1).

La Corse au XIVe siècle. — Pirateries des seigneurs et des corsaires étrangers.—A dire vrai, chacun pille pour son compte sans distinction de nationalité ou de parti. La Corse est un repaire de pirates de toutes nationalités. Branca D'Oria donne l'exemple, ses croisières saisissent tous les bâtiments pisans, les marchandises sont confisquées et l'équipage retenu en Corse d'où il ne sortira que moyennant rançon. Les Avogari, les Cinarchesi, les seigneurs de Bagnara, l'évêque d'Aleria et le curé de l'Orto eux-mêmes, sont tour à tour cités devant le conseil des anciens de Pise. On vote bien des représailles contre eux, elles ne sont même pas signifiées *propter locum Corcicæ ad quem non vult aliquis ire occasione timoris personarum.* Pierre Guerche, corsaire de Provence au service des Pisans, sait mettre en Corse les négo-

____

1. Pour les Génois du dehors, c'est-à-dire les Gibelins exilés.

ciants aragonais à l'abri des recherches indiscrètes ou prématurées. Inutile de parlementer, il faut payer la rançon. Même lorsque la guerre est terminée, Guerche continue un métier auquel il a pris goût ; aux réclamations du roi d'Aragon les Pisans ne peuvent répondre que par un désaveu platonique (1324).

Cependant les transactions commerciales s'effectuent : une société même s'était formée à Pise pour exploiter le transport des marchandises en Corse et réciproquement. Quel était le procédé employé par ces industriels ? Consentaient-ils de bonne grâce à abandonner aux plus redoutés d'entre les corsaires une partie de leur bénéfice et ceux-ci en échange veillaient-ils sur la cargaison ? C'est fort probable à moins que la société ne se contentât plus simplement de procurer moyennant finances le pavillon de certaines maisons de commerce, plus respecté parfois que la bannière des grands amiraux guelfes ou gibelins. Les actes notariés des XIIIe et XIVe siècle donnent des exemples répétés de ce genre de trafic.

Descente des Pisans en Corse. — En 1322 les Pisans exaspérés firent une descente en Corse. Aucun historien n'a parlé de cette expédition qui coûta cher à ceux qui l'avaient entreprise.

Sous les ordres de l'amiral Gerardo Buzacharini, une petite troupe aborde en Corse, brûle le château de Cinarca, ravage les côtes et ramène victorieusement à Pise une barque de Branca D'Oria.

L'amiral est si fier de son expédition qu'il sollicite du conseil des anciens pour ses marins l'honneur de remonter l'Arno jusqu'à Pise avec sa capture. Le conseil des sages, à qui la requête a été transmise, ne partage pas l'enthousiasme de Gerardo : il refuse d'obtempérer à son désir et décide l'envoi à Gênes d'un ambassadeur. Mesure prudente, car les réclamations suivent de près les vainqueurs. Dans la séance du 11 septembre 1322, on donne lecture au conseil des sages d'une lettre d'Alaone D'Oria et des anciens de Bonifacio présentant sous un jour tout différent l'expédition de Cinarca : le bateau conduit à Pise n'est pas un corsaire, il est la propriété de Lorenzo de Capo di Pioggia et de ses associés, bourgeois de Bonifacio ; l'incendie allumé dans le château de Cinarca a causé aux Bonifaciens trafiquant en la seigneurie un dommage qui s'élève à plus de cent vingt livres de Gênes. Alaone conclut en disant qu'il a fait séquestrer les marchandises des négociants pisans de Bonifacio ; mais qu'il les restituera si la commune de Pise veut faire droit à ses réclamations. Le conseil des sages donne satisfaction à Alaone, mais refuse (22 septembre) d'indemniser Nicoloso et Opezzinello de Cinarca, malgré une lettre très pressante d'Alamannone da Mare, seigneur du Cap-Corse, recommandant à la bienveillance des anciens les deux frères qui, dit-il, ont toujours été les sujets très dévoués de la commune de Pise. L'expédition a été fâcheuse à tous égards, car il a été nécessaire de dépenser cette même année une somme de cinq cent quatre-ving-quatorze florins pour racheter les Pisans retenus en Corse sur l'ordre des D'Oria.

Premiers rapports des Corses avec les souverains aragonais. — Aitone D'Oria. — En juillet 1323, l'infant D. Alfonse débarqua en Sardaigne avec cinq cents chevaux et dix mille hommes de pied: la conquête de l'île sur les Pisans, qui l'occupaient encore, fut rapide. Les D'Oria, ayant, dès le début de la guerre, reconnu la suzeraineté aragonaise, se firent rendre le château de Calvi, qu'ils avaient vendu à la commune de Gênes en 1286, et concéder le fief de Patrimonio.

Le chroniqueur espagnol Ramon Muntaner, contemporain de ces événements, raconte que, dès qu'ils furent informés de la présence de l'infant en Sardaigne, les seigneurs corses vinrent faire leur soumission. L'année suivante (1er septembre 1324), D. Jayme, pour recommander son chapelain, Gregorio, évêque d'Aleria, mais surtout pour faire acte de suzerain, écrivit aux principaux feudataires ; c'étaient Arrigo, comte de Cinarca et Pixinello son frère, Giudicello Biancolaccio, seigneur de Bisogeni et Manuele Avogari, seigneur du Cap-Corse.

L'infant D. Alfonse, poussé par les D'Oria et par Castruccio Castracani, seigneur de Lucques, se préparait à soumettre la Corse, quand plusieurs membres de la famille D'Oria se détachèrent du parti aragonais, entraînant avec eux les Malaspina, les marquis de Massa et les Spinola. En 1328, Aitone D'Oria (1), ami-

—————

1. Aitone D'Oria, fils d'Emmanuele-Cattaneo, quondam

ral des Gibelins de Gênes, tenta de chasser les Aragonais de Sassari : c'était un des personnages les plus considérables de la faction ; il entraîna avec lui plusieurs de ses parents. Pendant l'été de l'année 1330, il s'efforça de conquérir la Sardaigne et fit une excursion en Corse où le parti aragonais avait pris une grande importance. Il vint mettre le siège devant Cinarca dont le seigneur était Lupacciolo ; ses efforts pour s'emparer du château furent inutiles et il dut se retirer. Suivant Giovanni della Grossa, il revint en 1335, et vit son expédition couronnée de succès : Rinieri, petit-fils de Giudice, maître du château de Cinarca, sans appui contre ses dangereux parents, crut que le meilleur parti à prendre était de faire alliance avec l'amiral génois ; mais, en espérant partager le bien d'autrui, dit la chronique, il perdit le sien, parce que Aitone, trouvant dans le reste de la Corse l'entreprise beaucoup plus difficile qu'il ne l'avait cru, fit révolter le château et en chassa Rinieri.

Le plus important des féodaux corses

Nicolo, coseigneur d'Oneglia, est désigné dans la chronique simplement sous le nom d'Ottone.

était alors Arrigo de Cinarca, seigneur d'Attalà, fils de Giudice. Aitone fit alliance avec lui et conquit la Corse presque entière. Comme un revirement s'était produit à Gênes en faveur des D'Oria, Aitone, en mai 1336, fit reconnaître par son allié la suzeraineté de la commune.

Arrigo d'Attalà mourut, et Aitone quitta la Corse pour courir à de nouvelles aventures ; il vendit le château de Cinarca, dit Giovanni della Grossa, aux fils de Guido della Catana dont l'aîné, Guglielmo, prit le nom de Cinarca et le titre de comte « qu'il sut sanctionner par les armes ». La chronique attribue de nombreux méfaits à ce personnage sur la fin duquel les traditions ne concordent pas. Il dépouilla tous les seigneurs de leurs domaines et lutta longtemps contre les Cortinchi. Quant à Aitone D'Oria, devenu amiral des galères génoises au service de la France, il périt à la bataille de Crécy (1346).

XI

Réunion de la Corse aux états de la commune de Gênes. — Rivalité des Génois et des Aragonais. — Hommage des seigneurs corses à la commune de Gênes. — Gottifredo da Zoagli. — Les mouvements populaires. — Société financière pour l'acquisition de la Corse. — Guerres des Génois contre les Vénitiens et les Aragonais. — Diplomatie de Leonardo da Montaldo. — Intrigues des Génois pour se faire adjuger la Corse (1).

(1345-1358).

Réunion de la Corse aux Etats de la commune de Gênes. — « Au mois d'août 1347, dit Giovanni Villani, contemporain, les Génois eurent la seigneurie de

---

1. ARCHIVES : Gênes, *Materie politiche.* — *Div. notor.* ms. 103. *Not. Tomaso Casanova.* — *Notari ignoti,* 23, 47. — *Magistr. Rationalium,* 47, 48, 52, 54. — *Masserie* 3, 4, 7, 8. — *Contractuum.* 7. — *Compera nova acquisitionis Corsicæ.* — Barcelone, Corona de Aragon, *Petri III Sardiniæ.* — Venise. — *Commemoriali delle Republica di Venezia.*

SOURCE NARRATIVE. Gio Villani, *Cron. fiorentinà.*

RECUEILS, *Cod. dipl. Sardiniæ,* I et II. — *Liber Jurium,* t. II. — Jaffé. — *Inv. Garampi.* — Richerius, *Fol. notar.*

OUVRAGES : Stella, *Ann.* — Giov. della Grossa. — Petrus

toute l'île de Corse, par la volonté presque unanime des barons et des seigneurs de la Corse, et ce leur eût été une belle acquisition à joindre à la terre de Bonifacio qu'ils possédaient déjà, si la mortalité, venue du Levant dans les îles et marines, n'eût fait tant de victimes que dans les îles de Sardaigne et de Corse il ne survécut pas le tiers des habitants du pays et des Génois. »

Giovanni Villani mourut l'année suivante à Florence, victime lui-même de la *mortalega grande* qui sévit si cruellement en Toscane qu'à côté du nom de *peste noire* l'épidémie conserva le nom de *peste de Florence*.

Tous les peuples d'occident furent frappés mais la Corse avant tous, parce que les bateaux qui transportaient les troupes génoises venaient d'orient d'où ils rapportaient les germes de la peste. Dans cette immense catastrophe s'évanouit le souvenir d'un fait dont la portée politique n'avait pas échappé au chroniqueur encore inconscient de l'immensité du fléau. « Rien de

---

Cyrnæus. — Zurita, *op. cit.* — Colonna de Cesari Rocca *La Réunion définitive de la Corse aux états de la commune de Gênes.* — *Notes critiques sur Gênes et la Corse.* — *Simon Boccanegra et la Corse.* — Ugo Assereto, *Genova e la Corsica,* 1358-1378.

notable en 1347, dit l'annaliste génois, sinon la réfection des murs de la ville. » Giovanni della Grossa et Petrus Cyrnæus sont également muets sur les événements de 1347. Quant aux historiens modernes, ils ont tous, après Limperani, confondu les faits de 1347 et de 1358. Nous essayerons de donner à chaque événement la place et la lumière qui lui convient.

Jusqu'ici, nous n'avons extrait de la chronique nationale qu'un très petit nombre de renseignements, bien qu'à partir du XIIIe siècle (chronologie à part) son récit ne se trouve jamais en défaut. Il faut se rappeler maintenant que Giovanni della Grossa né en 1388, c'est-à-dire moins d'un demi-siècle avant les événements que nous allons rapporter, en connut certainement des témoins, et que c'est à ses copistes qu'il faut attribuer les erreurs de dates répandues sous son nom. Si la chronique ne cite aucune expédition génoise en Corse en 1347, elle rapporte à l'année 1340 un appel adressé par certains seigneurs corses à la commune de Gênes, une descente de troupes génoises dans l'île, et une *grande mortalità* qui interrompt la campagne et empêche la république d'en recueillir les fruits.

Comme elle attribue au chef de l'expédition des actes que l'on ne peut classer avant 1347 sans blesser grossièrement la chronologie fixée par les documents, on admettra la possibilité d'une corrélation entre le texte de Villani et celui de Giovanni della Grossa qui nous donne la version interne du fait politiquement envisagé par son devancier.

Simone Boccanegra, premier doge de Gênes, élu par le peuple après la révolution de 1339, ayant mécontenté les Génois, avait dû s'enfuir à Pise (1345). Le gouvernement de Giovanni da Murta, son successeur, fut fatal à la noblesse. Un vent de révolte soufflait d'ailleurs dans toute l'Italie où une vaste conspiration semble s'être ourdie contre une aristocratie faiblissante. Des intérêts communs unissaient les *populaires* des cités italiennes : ceux de Gênes surent en tirer parti pour le plus grand bien de la république.

Quelques jours après l'avènement du nouveau doge, une révolte éclate à Savone et a son contre-coup à Gênes : on enlève les armes à tous les nobles, on tue ou l'on emprisonne ceux qui résistent. Malgré les instances du légat du pape et l'arbitrage de Luchino Visconti appelé à pacifier la commune, les émeutes se succèdent, et dans cette année 1347, si calme au dire de Stella, les nobles restent emprisonnés, leurs tours sont abattues. L'année de la *mortalega grande* où Stella ne relève aucun fait important, est signalée par une guerre si sanglante entre les Génois et les nobles exilés dans la vallée de Polcevera qu'en 1351 on en déplorait encore les effets.

Rivalité des Génois et des Aragonais. — En mai 1347, Rome, *caput mundi*, donnait l'exemple. « Avec la proclamation de Rienzi, dit un écrivain moderne (1), nous voyons désorganiser le principe de la monarchie universelle pour donner le germe de l'indépendance à l'Italie. » Au milieu de cet état de choses, le doge, homme probe et désintéressé, qui avait déclaré au lendemain de son élection qu'il se regardait comme un simple président des conseils de la république, ne perdait pas de vue les intérêts de la commune. La Corse et la Sardaigne étaient plus que jamais menacées par les rois

---

1. Filippini, *Colà di Renzo e la curia avignonese* dans les *Studi Storici*, XI (1902).

d'Aragon. Apparemment pour se soustraire à la tyrannie exercée en Corse par Guglielmo de Cinarca, dont nous avons parlé au chapitre précédent, Guglielmo della Rocca, Lupo d'Ornano et Ugo Cortinco de Pietra Alerata avaient envoyé à D. Pedro Gherardo Orlandini, ancien évêque intrus d'Aleria (1), pour le prier de prendre au plus tôt possession de la Corse. Le souverain avait répondu en protestant de son amour pour ses fidèles sujets et en déclarant qu'il ne pourrait s'occuper de la Corse que lorsque la guerre qu'il soutenait au Maroc serait terminée.

En 1345, le roi d'Aragon annonça aux chefs corses qu'il préparait une expédition. Déjà depuis quelque temps les Catalans recommençaient à faire la course sur les côtes de Corse et de Sardaigne. La commune veillait, entretenait soigneusement la garnison de Bonifacio, mais ne mani-

---

1. Gherardo avait occupé quelque temps le siège archiépiscopal de Pise où l'avait porté l'antipape Giovanni de Corvaria. Il fut déposé le 2 mars 1330. C'est lui probablement qui, à la tête de bandes gibelines, s'empara en 1325 de Lerici et inquiéta les Pisans ; Landinelli (*Cronaca di Sarzana*, ne le nomme pas ; mais il est suffisamment désigné pour que l'on puisse reconnaître en lui le prélat dont le roi d'Aragon tenait à récompenser les services passés.

festait nulle inquiétude quand, en novembre 1346, les Bonifaciens virent avec stu-
peur les troupes aragonaises se répandre
sur leur territoire. Le doge se plaignit au
roi d'Aragon de cet acte d'hostilité commis
au mépris d'une trêve signée peu auparavant. Mais au lieu de s'excuser, D. Pedro
déclara que l'expédition de Corse avait été
exécutée par son ordre. Les Génois comprirent alors qu'il fallait prendre des mesures radicales. Déjà depuis quelque temps
on travaillait à prédisposer pour un mouvement général tous ceux qui en Corse ou
en Sardaigne détenaient une parcelle d'autorité. Les D'Oria et les Malaspina étaient
en guerre avec le juge d'Arbora, allié des
Aragonais, c'était pour eux une occasion
de se réconcilier avec la commune dont ils
étaient exilés. En Corse les Génois avaient
envoyé un *populaire* influent, chef de la
puissante corporation des bouchers, Antonio Rosso avec une somme assez grosse
prélevée sur les fonds de l'état. A Sassari,
les intrigues des citoyens d'origine génoise
les font chasser de la ville. Au mois d'avril
1347, ceux-ci font donation officielle de
leur cité à la commune de Gênes qui s'engage à leur donner aide et protection con-

tre toute faction, prince, souverain ou baron, ou même autres génois qui tenteraient quoi que ce fût contre eux. Avec une simultanéité remarquable, le même mois, Nicolo de Levanto, podestat de Bonifacio, vicaire de la république, s'assurait le concours des Cinarchesi, toujours maîtres incontestés du versant occidental : Guglielmo et Ristoruccio della Rocca, petit-fils de Giudice, Orlando et Arriguccio d'Ornano ses petits-neveux furent confirmés dans la jouissance de leurs fiefs. Ces contrats furent ratifiés à Gênes le 18 mai suivant par le doge Giovanni da Murta. Il faut bien noter que les cahiers du chancelier déchirés et incomplets purent enregistrer beaucoup d'autres actes relatifs aux négociations passées avec ces « barons et seigneurs » dont parle Villani.

Le 12 juillet, le doge réunit le conseil des sages pour délibérer sur les événements de Corse (*supra factis Corsicæ*). On décréta dans cette séance un armement considérable auquel seraient tenus de contribuer tous les citoyens génois, les vassaux de la commune ainsi que les seigneurs et les villes confédérés. Les frais de la campagne furent évalués à cinquante mille livres de Gênes, lesquelles seraient prélevées provisoirement sur la gabelle du sel et sur les droits payés par les navires génois autorisés à servir les princes étrangers. Prise en partie sur les fonds destinés à la guerre de Caffa, cette somme devait être couverte pour un emprunt égal dont les intérêts seraient payés à raison de dix pour cent. Au cas où les cinquante mille livres ne suffiraient pas, le conseil pouvait décréter un nouvel appel de fonds jusqu'à concurrence du nécessaire.

Le 18 juillet, des lettres étaient expédiées en tous sens pour inviter les communes et les seigneurs des Rivières occidentale et orientale à coopérer au recouvrement *urgent* de l'île de Corse. Gavi, Noli, Albenga, Diana, San Remo, les seigneurs de Lingueglia, les marquis de Ponzone et de Carretto doivent contribuer à l'œuvre décidée. Il faut répondre dans le délai d'une semaine : les marquis del Caretto qui gardent le silence sont vivement tancés et sommés avec menaces d'envoyer leur procureur. Gottifredo Imperiale est chargé de recruter des soldats à Pise et dans tous les endroits où il en pourra rencontrer. Une lettre de Cassano D'Oria qui offre de s'armer pour l'expédition de Corse est accueillie avec la plus vive reconnaissance.

Toutes les lettres de la commune témoignent, par leur rédaction, d'une fièvre impatiente et inquiète : on ne saurait trop prévoir « de combien de dangers les Génois sont menacés si l'île tombait entre les mains d'un étranger ou d'un ennemi ; et, pour éviter ce péril, qui vraisemblablement nous menace, chacun doit, d'un cœur fidèle et empressé, remplir un devoir aussi nécessaire que glorieux ».

Gottifredo da Zoagli. — Dans la même séance, Tomaso da Murta, fils du doge, fut désigné comme chef de l'expédition, aucun détail ne nous est parvenu. Il est probable qu'on lui adjoignit Gottifredo da Zoagli qui, en sa qualité de vicaire de la Rivière orientale, avait pu, peu de temps auparavant, être appelé à préparer les voies en Corse même. Suivant Giovanni della Grossa, ce fut pour réprimer les excès commis par les petits seigneurs de l'En-deçà-des-Monts que Guglielmo della Rocca et Orlando Cortinco firent appel à la république qui leur envoya le terrible populaire.

Les deux brèves apparitions de Gottifredo furent marquées par de sanglantes représailles contre les nobles : Orlando Cortinco lui-même fut sa première victime. L'ayant fait mettre à mort, et ayant envoyé Guglielmo Cortinco (1) finir ses jours à la Malapaga, Gottifredo put occuper le château de Patrimonio (2) au nom de la république. A son second voyage, il fit décapiter Orlando d'Ornano (3) ; mais, surpris à Aleria par la *grande mortalità*, il retourna à Gênes pour fuir le fléau, laissant comme vicaire Guglielmo della Rocca, non sans avoir pris la précaution de lui faire consigner en otage son fils Arrigo. Beaucoup d'autres seigneurs corses s'étaient enfuis auprès du roi d'Aragon.

Les mouvements populaires. — Reste un point à éclaircir. Ces événements furent-ils précédés ou non d'un soulèvement populaire ? Sans attribuer au mouvement une importance considérable, on doit croire à des insurrections partielles. Il est certain que la démarche de Guglielmo della Rocca et d'Orlando Cortinco n'était

---

1. Vivant encore en Corse, en 1345.

2. Le château fut occupé et réparé en 1349.

3. Vivant encore en 1347, comme le constate l'acte d'hommage cité plus haut. Tous les événements rapportés par Giovanni della Grossa relativement a Gottifredo da Zoagli sont postérieurs à cette date.

pas désintéressée et que la *tierce classe* était un appoint qu'ils voulaient se ménager. La politique des deux seigneurs était analogue à celle inaugurée à Gênes au XIIIᵉ siècle par Guglielmo de Mari, qui, pour arracher le pouvoir aux classes bourgeoises, avait fait appel à l'humble classe des artisans. Les D'Oria avaient eu souvent recours au même procédé. Gênes n'eut garde de négliger l'occasion si toutefois elle ne la provoqua : les missions de Gottifredo da Zoagli et d'Antonio Rosso en sont la preuve. Si l'on en croit de mauvaises copies d'un acte se référant au séjour de Gottifredo en Corse, on constate que les *popolari* prirent part, avec le clergé et les gentilshommes, à la consulte où il fut acclamé (1). Le fait n'est pas sans précédent, mais le mot est nouveau. Enfin, la présence de Gottifredo est signalée en Balagne par une révolte contre les marquis de Massa absents et l'incendie de leur château de San-Columbano.

Selon Limperani (2), qui a été suivi dans

---

1. Cette pièce, si l'on en juge par le nom du notaire qui la rédigea, semble être un acte de recordation remontant aux premières années du XVᵉ siècle.

2. *Istoria della Corsica* (1774).

cette voie par la plupart des historiens
modernes, ce serait à la suite d'une consulte générale des Corses que les Génois,
sollicités par une ambassade, auraient pris
possession de la Corse. L'auteur, généralement malheureux dans ses suppositions,
ne cite pas la source où il a puisé cette précieuse information. Si l'on en croit Giovanni della Grossa, toutes les invasions
étrangères qui se sont succédées en Corse
furent provoquées par les insulaires eux-
mêmes. Et de fait, si les documents prou-
vent que ce n'est pas là une satisfaction
accordée par l'auteur à l'amour-propre
national, ils montrent aussi l'habileté de
ceux qui travaillent à les asservir.

La chronique nous cite plusieurs soulèvements qui, chaque fois, ramènent à Gênes
des ambassadeurs chargés d'exprimer le
mécontentement populaire et de faire appel
à la république. En moins d'un demi-siècle,
ces ambassades provoquent successivement
les envois de Gottifredo da Zoagli, de Giovanni Boccanegra, de Tridano della Torre,
de Leonello Lomellini. Plus tard ce seront
les Corses qui feront solliciter par leurs
envoyés la cession de leur île à la banque
de San-Giorgio. Quoique ces ambassades

ne représentent le plus souvent qu'un parti et exécutent leur mission à l'insu du plus grand nombre, il est hors de doute que le parti populaire est orienté vers Gênes dont la démocratie est triomphante, alors que les aspirations des seigneurs les portent vers les rois d'Aragon qui flattent l'amour-propre de leurs fidèles en leur promettant des charges et des honneurs. Mais en Corse, le sort des partis dépend des plus petites circonstances ; les groupes se forment non autour d'une idée, mais autour d'un individu. Ces groupes, variés et nombreux, se réunissent ou se séparent pour les raisons les plus futiles, ce n'est que l'ambition des chefs qui les dirige. Les assemblées populaires auxquelles les historiens ont fait une si large part ne produisent jamais un résultat durable, sinon **au** profit de l'étranger.

Quiconque a étudié l'histoire de la Corse ailleurs que dans les chroniques, sait combien la portée de ces assemblées a été exagérée. Les populations de Morosaglia et des pays voisins y prenaient part ; quant au reste de la Corse, il n'y était représenté que dans des proportions assez faibles et uniquement par les partisans des organisateurs de la consulte. S'il n'en était ainsi, comment comprendrait-on les résultats contradictoires de ces réunions, où se succédaient des décisions tellement diverses que la mobilité même du peuple corse ne suffirait pas pour les expliquer ?

On imagine donc combien il était facile à un chef de clan, à un parti, même à une invasion étrangère, de faire sanctionner les usurpations les moins justifiées : le pays était pauvre, les peuples oisifs, les rivalités aveugles, les passions excessives. Dans un horizon trop étroit pour se développer, les qualités de la race n'étaient plus qu'un danger pour elle-même. Le Corse aspirait à un champ plus vaste, toute nouveauté lui était une espérance, tout inconnu devenait un messie. L'étranger pouvait débarquer sur son sol, il y trouvait toujours une faction intéressée au changement ; tout au moins s'il n'y avait rien à gagner pour elle, y avait-il à perdre pour la faction adverse.

Ceci pour l'intérieur ; à l'extérieur, quelque fâcheuse que soit cette constatation pour les deux pays que l'on a voulu voir à certaines époques unis dans une communauté d'aspirations sociales, il nous faudra reconnaître que les ambassades corses sont presque toujours arrivées à Gênes au moment où la république avait intérêt à leur intervention.

Emprunt pour l'acquisition de la Corse. — Par décret du 29 novembre 1347 fut ouvert *l'Emprunt nouveau pour l'acquisition de la Corse*. Le capital de 50.000 livres de Gênes fut divisé en 500 actions (*luoghi*) donnant chacune droit à une voix dans les assemblées délibératives. On voit par l'acte de constitution que la besogne était loin d'être considérée comme terminée, et que l'on prévoyait encore bien des dépenses avant d'obtenir la possession paisible de l'île. Contrairement à l'usage, la commune ne concéda pas en gage aux actionnaires les revenus, aléatoires d'ailleurs, qu'elle pourrait tirer de sa conquête. C'est pour amortir cette dette que peu à peu nous verrons le gouvernement concéder des terres en Corse à des particuliers qui, en vue de la défense de leurs intérêts communs, se groupent en *maona* (1378). Cependant nous constatons qu'en 1384 les actionnaires de la *Compera Corsicæ* (l'Emprunt corse) n'étaient pas encore remboursés.

Pendant trois ans, Gênes entretint une

garnison en Corse où Guglielmo della Rocca remplissait l'office de vicaire, peut-être sous la haute surveillance de Gottifredo da Zoagli, alors résidant à Savone en qualité de vicaire général de la Rivière de Ponent.

Guerre des Génois contre les Vénitiens et les Aragonais. — Une guerre terrible dans laquelle Gênes trouva réunies contre elle toutes les forces maritimes des Grecs, des Vénitiens et des Aragonais, la contraignit peu à peu à mettre toutes ses troupes au service d'une cause d'où dépendait sa fortune commerciale. Forcée de transiger avec ses ennemis, elle tenta de les diviser et, pour « empêcher les étrangers de se plaindre », elle rappela de Corse les soldats qui y restaient encore en 1350. Les pourparlers avec le roi d'Aragon échouèrent « à cause des prétentions des Génois et des D'Oria sur la Corse et la Sardaigne » (juillet 1351). Le pape Clément VII s'interposa et promit à D. Pedre « d'inviter les Génois à cesser d'attenter à ses droits sur les îles » (1352). Les Génois ne voulaient que gagner du temps et attendre que le sort leur fût favorable. Enfin à la suite d'une brillante victoire de Pagano D'Oria sur les Vénitiens, la paix fut signée entre ceux-ci et Luchino Visconti, seigneur de Milan, à qui Gênes, dans sa détresse, avait été obligée de s'inféoder.

Seule la question des îles avait empêché le roi d'Aragon d'adhérer à la paix. En 1355, il fit une nouvelle tentative en Sardaigne. Gênes encore impuissante se contenta de veiller à la conservation de Calvi et de Bonifacio : mais D. Pedre rappelé dans ses Etats inquiétés par le roi de Castille, les Génois ne songèrent plus qu'à reprendre les positions qu'ils occupaient avant la guerre ; guerre désastreuse s'il en fut, bien que terminée par une victoire.

Mission de Leonardo da Montaldo. — Simon Boccanegra avait été élu doge pour la seconde fois. Un diplomate habile, d'origine populaire, Leonardo da Montaldo, fut chargé de la tâche difficile de rallier les communes qui s'étaient séparées de Gênes au cours de sa guerre avec Venise. La Corse était-elle de ce nombre ? C'est probable car Guglielmo della Rocca se rendit assez suspect à la république pour que son fils Arrigo, qu'il avait donné en otage, fût conduit à Gênes (1356) de Bonifacio où apparemment il avait été autorisé à résider. Gênes, d'autre part, comptait en Corse des partisans car, dès avril 1357, elle accueillit et fit vêtir à ses frais les « ambassadeurs du peuple corse ».

Peu après, Montaldo qui avait déjà rallié Savone et d'autres cités confédérées à la commune fut envoyé en Corse. Le plan de ce citoyen qui avait toujours su utiliser les convictions politiques des étrangers pour la plus grande gloire de sa patrie, était, on n'en peut douter, d'exploiter l'effervescence populaire et d'opposer à l'inconstance des seigneurs un élément local qui devrait sinon son existence, du moins sa force à la république.

Certes, les seigneurs corses, peu policés, violents, dépourvus de scrupules ne le cédaient en rien aux nobles des autres pays d'Occident ; mais la tyrannie féodale, ainsi que nous l'avons fait remarquer, était beaucoup moins dure chez ces peuples pasteurs et guerriers, la révolte y était aisée, la répression difficile. Cependant le courant d'idées qui venait de Gênes ne pouvait que flatter les classes inférieures. Depuis plus d'un siècle, il existait en Corse

des villages indépendants. Ce fut probablement dans ces communes libres que l'in-
trigue génoise prépara les voies. D'ailleurs
une des plus anciennes versions de Giovanni della Grossa attribue l'insurrection à
une illégalité autant qu'aux abus qui en
résultaient. Selon cette version, ce furent
des hommes libres qui prirent les armes,
parce que « les grands dominaient là où
ils n'étaient pas seigneurs. Ne pouvant
supporter leurs mauvais traitements, les
peuples de Mariana et du domaine des Cortinchi s'unirent ensemble et mirent à leur
tête Sambocuccio d'Alando ». D'après les
chroniques, la troupe toujours grossissante
traverse triomphalement la Corse, renver-
sant les châteaux, bâtisses grossières qui ne
doivent leur force qu'à leur position natu-
relle. Revenus de leur surprise, ajoute
Petrus Cyrnæus, les seigneurs songent à se
défendre. Deux armées égales sont en présence, l'avantage est plutôt du côté des
seigneurs car le prudent Sambocuccio est
d'avis d'éviter la bataille. On lutte une
journée sans résultat. Mais Gênes est là
pour recueillir les fruits.

Ces événements se passèrent-ils avant
ou après le voyage de Leonardo da Mon-

taldo, il est impossible de le dire. Ce qui est certain, c'est que le déplacement du diplomate qui ne se prolongea pas au-delà de deux semaines, coûta 600 livres de Gênes à la commune. Il est également certain qu'entre les chefs corses et Leonardo une entrevue avait eu lieu à Calvi, et que celui-ci y avait reçu au nom de la république le serment de fidélité prononcé par les chefs au nom du peuple corse. « La commune de Corse s'était donnée à la commune de Gênes. » A la fin d'octobre les ambassadeurs reparurent (étaient-ce les mêmes ?) ; la commune se chargea de leur entretien.

L'événement, noté par les chroniqueurs insulaires, passa sur le continent absolument inaperçu. Les Génois eux-mêmes ne conservèrent pas le souvenir de cette donation volontaire. Stella l'ignora. Le gouvernement d'ailleurs n'avait daigné passer aucun contrat avec les ambassadeurs corses : on leur avait donné dans leur pays même la satisfaction de ne devoir leurs maîtres qu'à eux-mêmes. C'était assez pour des gens nés sujets de la république. L'important était d'économiser une expédition coûteuse et pleine d'aléas. Mieux qu'une armée, la diplomatie Montaldo avait triomphé. Le but était atteint.

Intrigues des Génois pour se faire adjuger la Corse. — Cependant des négociations se poursuivaient avec le roi d'Aragon ; d'accord sur tous les autres points, on ne put trouver pour la Corse un terrain d'entente. Les subterfuges employés par les Génois en cette occurrence dépassèrent en audace ceux dont leurs ancêtres avaient usé lors de la querelle des évêchés au XIIe siècle. Ils furent assez habiles pour faire choisir par les plénipotentiaires des deux nations réunis un arbitre qui était débiteur vis-à-vis de la commune de sommes considérables, le marquis de Montferrat. Fidèles à leur procédé de persuasion ils le comblèrent de riches cadeaux et en obtinrent une sentence (2 avril 1360) dont l'interprétation était livrée à la merci de la chancellerie pontificale. Le marquis décida de s'en rapporter à certaines pièces de correspondance remontant à l'année précédente, mais dont on ne put produire que tardivement les copies imparfaites. Il en résultait que les ambassadeurs génois n'avaient eu le pouvoir de traiter la paix que : 1° si le roi d'Aragon renonçait entre les mains du pape à ses droits sur la Corse ; 2° si le Saint-Siège abandonnait la Corse à la commune moyennant 1. 500 florins pour l'investiture et un cens annuel de 1000 florins. Il constait aussi, d'une note adressée par la curie avignonnaise à Simone Boccanegra, que le cardinal de Florence assurait à cette proposition l'approbation pontificale. Ce fut le cardinal de Florence lui-même qui présida à la transcription sous forme de patentes de ces documents — déjà en mauvais état quelques semaines après la promulgation de la sentence.

Si l'on avait attaché la moindre importance à ces pièces tardivement produites, le roi d'Aragon était joué ; mais personne n'osa les prendre au sérieux, ni l'arbitre qui, le 28 février 1362, condamnant le roi d'Aragon à restituer Alghero, déclare que ledit souverain n'a aucun droit sur Bonifacio et ne fait même pas mention de la Corse (1) ; ni les rois d'Aragon

---

1. Dans les nombreuses décisions prises par Giovanni de Montferrat contre le roi d'Aragon, il rappelle les sentences du 27 mars relatives à Alghero et Bonifacio, jamais celle du 2 avril. On pourrait objecter que les Génois maîtres de la Corse n'ont pas à insister sur ce point. Mais alors, pourquoi Bonifacio ? — Cf. Gênes, *Mat. pol.* m.° 9 et *Liber Jur.*, t. II.

qui continueront à se qualifier rois de Corse et subventionneront les seigneurs et les caporaux pour se conserver un parti dans l'île, ni le Saint-Siège qui, sachant qu'il n'a rien à attendre de la république (1), réclamera en 1364 (18 mars) à D. Pedro les cens arriérés pour la souveraineté de la Corse ; ni même la commune de Gênes qui ne sollicita jamais une investiture coûteuse et inutile puisqu'elle faisait remonter ses prétentions à une époque immémoriale, et qu'elle les avait sanctionnées en 1347 par une prise de possession officielle et notoire.

---

1. Raynaldi (*Annales Ecclesiæ*), rapporte à cette date, 1360, l'envoi d'un légat apostolique à Gênes chargé de réclamer le cens et l'hommage pour la Corse. La démarche fut inutile comme l'avait été la bulle pontificale directement à Giovanni Boccanegra l'année précédente (1359), c'est-à-dire avant la prononciation de la sentence arbitrale de Giovanni de Montferrat (Rome, Arch. Vat. *inv. Garampi*).

XII

Sambocuccio d'Alando. — Les premiers gouverneurs génois. — Leur administration. —Désordres intérieurs. — Les Giovannali. — Ristagnacci et Cagianacci. — Arrigo della Rocca et.
la *maona* (1).

(1358-1401)

**Sambocuccio d'Alando. — Les pre-
miers gouverneurs génois. — Leur
administration. — Désordres intérieurs.** — Les historiens modernes ont.
considérablement grossi le rôle de Sam-

---

1. ARCHIVES : Gênes, *Notari ignoti.*, ff. 20, 35, 47, 150
*Ricobono de Bozolo, Ant : Lazarino, Giorgio Chiavari, Ant. de
Credenza, Benvenuto Bracelli.* — *Paesi diversi*, 346. — *Diver-
sorum*, reg. 497. — *Diversorum*, f. 98. — *Racionalium* 52; 54,.
56. — *Masseriæ* 11. — *Corsica* 1361. — Ms. n° 104. —
Barcelone, Corona de Aragon, *Petri* III, reg. 1044, 1045. —
Johannis Sardiniæ, reg. 1941, 1943, *Martini, Sardiniæ,*
reg. 222. — Pise, *Lettere degli anziani*, reg. V, VIII.

OUVRAGES : Giovanni della Grossa. — Petrus Cyrnæus. —
Zurita, op. cit. — Fara, *De Rebus Sardois*. — Cicala, *Miscel-
lanca*, ms. du municipe de Gênes, — Federici, *Collectanea* ms.
Bibl. Civica de Gênes. — Assereto, *Genova e la Corsica*.
1358-1378.

bocuccio. Les deux chroniques s'accordent
à en faire le chef élu par le peuple pour
le diriger contre les seigneurs. Par deux
fois, il négocia avec Gênes l'envoi d'un
gouverneur ; il fut probablement de ces
« ambassadeurs du peuple corse » que la
république nourrit et habilla pendant leur
séjour à Gênes, en 1358. En Corse il semble n'avoir eu que le rang de *conseiller du
gouverneur*, dignité qu'il partageait avec
cinq autres insulaires.

On raconte généralement que Sambocuccio dota l'île d'une constitution appropriée
à ses besoins ; ni Giovanni della Grossa, ni
Petrus Cirnæus ne parlent de Sambocuccio
législateur : tout ce que nos contemporains ont narré de ses institutions est donc
dénué de fondement (1).

1. « Les auteurs, dit M. l'abbé Letteron, ne s'entendent en
aucune façon sur l'époque à laquelle vécut Sambocuccio
d'Alando. G. C. Gregorj le fait vivre vers 1002 ; Pietro Cirneo
quelque temps avant Giudice et Giovanni della Grossa, comme
on le voit un demi-siècle après la mort de Giudice. Ms. de
Ceccaldi, 1359, Edit ital. 1495. Trad. de Giov. della Grossa, I, p. 221. » — Dans ses notes à la trad. de Petr. Cyrnæus,
M. Letteron semble se rallier à l'opinion de Gregorj. Les
documents sont d'accord avec Giovanni della Grossa et rap-
portent le soulèvement de Sambocuccio au milieu du xive siècle. — En 1372, Sambocuccio était à Gênes. Sous le gouvernement de Filippo Scaglia il figure parmi les conseillers corses.

Giovanni Boccanegra, frère du doge, fut le premier gouverneur de la Corse. En 1362, il retourna à Gênes, et les seigneurs profitèrent de son absence pour faire sentir de nouveau aux peuples le poids de leur autorité. Sambocuccio, dit Giovanni della Grossa, s'adressa encore aux Génois qui envoyèrent comme gouverneurs Tridano della Torre et Filippo Scaglia. Tridano, au dire des chroniques, détruisit les châteaux et soumit tous les seigneurs. Il est certain que dans l'Au-delà-des-Monts, les gouverneurs se firent remettre par chacun des Cinarchesi une caution assez forte, à défaut de laquelle ils prenaient en otage un fils ou une *amie*. Mais cette partie de la Corse conserva ses seigneurs ; l'En-deçà-des-Monts est dès lors appelé *Terre-de-Commune*.

Les conventions passées entre les chefs du peuple Corse et la commune de Gênes ne sont pas parvenues jusqu'à nous : « Les conditions, dit Giovanni della Grossa, étaient que les Corses ne seraient jamais obligés de payer plus de vingt sous par feu chaque année. » Les documents nous apprennent que le gouverneur assisté d'un vicaire et d'un jurisconsulte devait prendre l'avis d'un conseil composé de six Corses. Chaque paroisse était administrée par son gonfalonier, chaque groupe de villages par un podestat.

Des désordres de toute nature signalent le milieu du xive siècle ; c'est d'abord l'apparition de la secte des *Giovannali* dont « la loi portait que tout serait commun entre eux », et que l'opinion publique accusait de débordements et de crimes inqualifiables. Le pape les excommunia et envoya contre eux un commissaire avec quelques troupes. Les Corses se joignirent à la petite armée, et les *Giovannali* furent exterminés.

Sous le gouvernement de Tridano della Torre commença la lutte entre les Ristagnacci et les Cagianacci, familles *populaires* de la piève de Rogna. Leurs *vendette* devaient se prolonger pendant près d'un siècle.

Arrigo della Rocca et la « maona ». — Soutenus par les chefs *populaires*, les gouverneurs génois étaient à peu près maîtres de la Corse. Arrigo della Rocca, fils de Guglielmo, s'enfuit en Espagne. En 1371, le roi d'Aragon l'apanagea en Sardaigne d'un fief du revenu de cinq cents livres, mais Arrigo ne paraît pas avoir rien tenté en Corse avant la mort de Tridano della Torre advenue vers 1372 (1). D. Pedro lui avait promis formellement de l'aider dans la conquête de la Corse, et, pour lui faire prendre patience, lui avait assigné une pension d'un florin par jour ; mais en 1374, la mauvaise tournure que prenaient les affaires de Sardaigne lui firent supprimer cette subvention. Enfin, vers 1376, il obtint quelques secours avec lesquels il débarqua à Olmeto et entra en relations avec les principaux chefs. Il s'empara de Cinarca, passa dans l'En-deçà-des-Monts, soumit toute la Corse, Calvi, Bonifacio et le Cap-Corse exceptés, et se fit proclamer comte de Corse à Biguglia. Le 22 août 1377, D. Pedro lui expédiait des lettres patentes dans lesquelles il le nommait son lieutenant et mettait à sa disposition toutes les troupes de terre et de mer qui étaient en Sardaigne. Mais un parti, composé des feudataires du Cap-Corse et d'un certain nombre de chefs de

---

1. Et non avant 1370, comme le disent les chroniques. Une lettre des anciens de la commune de Pise lui est adressée encore le 28 juin de cette année (style pisan). En 1372, il est retenu pour dettes à la Malapaga.

villages conduits par Deodato da Casta, ne tarda pas à se former contre Arrigo qui abusait violemment du pouvoir. Une consulte populaire réunie à Venzolasca di Casinca décida une fois de plus l'envoi d'ambassadeurs à Gênes qui, effrayée par les dépenses d'une nouvelle guerre, afferma l'île à une société industrielle et financière composée de six membres (1) et désignée sous le nom de « *maona* » (27 août 1378).

Arrigo prévoyait le danger; avant que l'acte d'inféodation de la Corse à la nouvelle société ne fût signé, il avait envoyé au roi d'Aragon, frère Matteo, prieur de la maison de San-Spirito. Le 1er septembre 1378, D. Pedro, accusant à Arrigo réception de sa lettre, lui promettait de venir en personne au printemps prochain. L'année passa : des troupes génoises avaient envahi la Corse ; les secours annoncés n'arrivant pas, Arrigo traita avec la maona qui lui offrit une part dans l'exploitation de la Corse.

Le premier acte des Génois fut de chasser

---

1. Quatre membres seuls sont nommés dans l'acte d'investiture ; ce sont : Lodisio Tortorino, Andriolo Figone, Pelegro Imperiale et Leonello Lomellino. les commissaires Giovanni Magneri et Cristoforo Maruffo leur furent adjoints.

du château de Cinarca Calcagno della Rocca qui y commandait pour le comte Arrigo. Ceci était dans les conventions, mais lorsque le comte vit nommer trois de ses ennemis vicaires de la maona dans la province de Cinarca, il s'en offensa d'autant plus qu'il avait lui-même chassé ces personnages (Ghilfuccio et Nicolò d'Ornano et Ghilfuccio d'Istria) de leurs seigneuries. Les Génois, de leur côté, reprochaient à Arrigo d'avoir, au mépris de leurs conventions, fait fortifier le château de Baracci. Le comte fit alors des avances aux vicaires et s'engagea à les rétablir dans leurs biens s'ils voulaient l'aider à débarrasser la Corse de la maona.

Ainsi fut créée une entente passagère, mais générale entre tous les Cinarchesi. Les conventions furent rapidement arrêtées : chacun d'eux limitait son ambition à la jouissance paisible de l'héritage paternel. Tous, bien que dépouillés par Arrigo, consentaient à tenir de lui leur pouvoir. Unis, les Cinarchesi tombèrent à l'improviste sur l'armée génoise et s'emparèrent de deux membres de la maona. L'un fut mis à mort, l'autre paya six mille florins d'or pour sa rançon. Sur cette somme,

Arrigo s'attribua la moitié et abandonna l'autre aux trois vicaires ; les Cinarchesi rentrèrent dans leurs fiefs.

La maona s'était résignée à la perte du pays cinarchese et n'exerçait plus son autorité que sur la Terre-de-Commune. Elle avait vendu le château de Cinarca, qui seul lui restait dans l'Au-delà-des-Monts à Ghilfuccio d'Istria, renoncement qui semblait présager à la Corse une ère de tranquillité, quand l'assassinat d'un membre de la famille de Leca par un de ses cousins, ralluma le feu mal éteint des dissensions intestines. Le peuple, qui en souffrait, se révolta contre les seigneurs, et les vassaux de la seigneurie de Leca, confinant avec la Terre-de-Commune firent appel au gouverneur génois résidant à Biguglia. L'occasion s'offrait trop belle pour que la maona la laissât échapper.

On fit comprendre à ceux des associés qui étaient à Gênes que le moindre renfort de troupes suffirait pour mâter enfin les remuants Cinarchesi, et cinq cents soldats arrivèrent quelques jours après, avec le gouverneur Cristoforo Maruffo. En vain Arrigo et tous les Cinarchesi, coalisés cette fois contre l'ennemi commun, tentèrent-ils d’arrêter les troupes de la république. Ils furent battus et refoulés jusqu’en Ornano. Ajaccio fut prise et fortifiée. Mais les Cinarchesi, redoublant d’énergie, tombèrent à leur tour sur l’armée génoise dans des passages difficiles, ils la poursuivirent et l’enfermèrent dans Ajaccio où, dépourvue de vivres, elle dut capituler. Arrigo redoutant une nouvelle entreprise des Génois sur Ajaccio ruina la place.

Cependant, il était parvenu à se rendre maître de la Corse presque entière, il y régna tranquillement au nom du roi d’Aragon pendant plusieurs années, n’ayant à lutter que contre des révoltes partielles. En 1393, il perdit toutes ses conquêtes et se trouva, avec tous les seigneurs Cinarchesi, dépossédé même des fiefs paternels. Battista Zoaglia, gouverneur génois, avait en peu de jours envahi l’île entière.

Arrigo eut de nouveau recours au roi d’Aragon qui mit à sa disposition deux galères. D. Juan décréta en outre une amnistie complète en faveur de tous ceux de ses sujets qui, coupables de crimes ou de délits, s’enrôleraient sous la bannière d’Arrigo. En moins de temps encore qu’il n’en avait mis à perdre l’île, il la reconquit et fit même prisonnier le gouverneur génois, Battista Zoaglia, frère du doge de Gênes. Mais, comme les Cinarchesi ne lui avaient apporté aucune aide, il les chassa de leurs châteaux et se déclara seigneur de l'île tout entière. Quatre ans après, Raffaele da Montaldo, capitaine de l'île de Corse pour les Génois, l'obligea à repasser les monts (1398). Arrigo se préparait de nouveau à la guerre lorsqu'il mourut en 1401.

Après avoir tenté en vain de conserver la prépondérance paternelle, Francesco, fils naturel d'Arrigo, dut restituer aux Cinarchesi coalisés contre lui, leurs fiefs et leurs châteaux. Il vendit Cinarca au gouverneur pour le prix de mille écus d'or et obtint de celui-ci le titre de vicaire-général du peuple de la Terre-de-Commune.

XIII

Protectorat du roi de France sur la république.
— Leonello Lomellino, comte de Corse. — Vincentello d'Istria proclamé comte. — Intrigues de
la famille d'Omessa. — Succès de Vincentello.
— Expédition d'Abramo de Campo-Fregoso. —
Les Aragonais en Corse. — Siège de Bonifacio.
— Vincentello, vice-roi de Corse. — Gênes sous
le protectorat du duc de Milan. — Traités de
paix avec le roi d'Aragon. — Prise de Vincentello par les Génois ; son exécution (1).
(1401-1434).

**Protectorat du roi de France sur la
république. — Leonello Lomellino,
comte de Corse. — Vincentello d'Istria, proclamé comte. — En moins de
quatre ans, Gênes avait subi dix révolu-**

1. Archives : Gênes, *Diversorum reg*, de 5o1 à 5i6, filze
de 3o23 à 3o31. —*Litterarum*, 1697-1698-1699, de 1778 à 1783.
—*Notari ignoti* — not. *Giulio Canella*. —Barcelone, Corona de
Aragon, *Martini Sardiniæ*, 2227. — *Ferdinandi Sard.*, 2398. —
Alphonsi IV, 2626, 2782. — Florence, Arch. de la Rép., *Let-*

tions ; dans ce court espace de temps dix doges s'étaient succédés. Le doge Antoniotto Adorne, voyant sa patrie menacée par le duc de Milan, Gian-Galeaz Visconti et ne voulant pas laisser la place à la faction des Fregosi (1), offrit la suzeraineté de Gênes au roi de France, le suppliant seulement de respecter ses privilèges (21 octobre 1390). Charles VI envoya comme gouverneur en Ligurie le comte de Saint-Pol remplacé peu après par le maréchal de Boucicault (1401). La Corse devenait tributaire du roi de France. Elle était alors gouvernée avec justice et modération par Raffaele de Montaldo. Malheureusement en mai 1403, Boucicault le remplaça par Ambrogio de' Marini, qui ne put tenir tête aux Corses révoltés. A la mort de celui-ci

---

tere int. ed est. della Sign. reg. 27. — *Proviggioni* reg. 125. — Rome, Arch. Vat. Reg. *Martin V.*

Sources narratives : Giovanni della Grossa. *Chron..* — Stella, *Ann. Jan.*

Recueil : *Liber Jurium .*

Ouvrages : Petrus Cyrnæus, *op. cit..* — Bracelli. *De bello inter Genuenses et Hispanienses.* Raynaldi, *Ann. Ecclesiæ*, t. IX. — Zurita, *Annales de Aragon.* — Cicala, *op. cit.* — Giustiniani. *Ann. Genuenses.*

1. Pendant près de deux siècles les Fregosi et les Adorni se disputèrent le pouvoir au détriment de la république qu'ils inféodèrent à des princes étrangers chaque fois qu'ils se trouvèrent à la veille d'une défaite, pour enlever à la faction adverse les bénéfices d'une victoire.

advenue en décembre de la même année, Leonello Lomellino, alléguant qu'il avait engagé dans la maona de Corse des sommes considérables, sollicita du roi de France la concession de l'île en fief noble. Au mois de janvier 1404, Andrea Lomellino son fils était nommé gouverneur de la Corse, peu de temps après Leonello, l'investiture obtenue, prenait possession de l'île. « Arrivé en Corse, avec le titre de comte, dit Giovanni della Grossa, il se laissa aller à un tel excès d'orgueil qu'il prétendait que tout lui appartenait : hommes, bestiaux fruits et tout le reste. Il se vit bientôt l'objet d'une haine profonde et déclarée. »

Vincentello d'Istria se fait proclamer comte de Corse. — Les regards des Corses se portèrent alors sur Vincentello d'Istria, fils de Ghilfuccio et d'une sœur d'Arrigo della Rocca. A la mort de celui-ci, il était passé en Espagne où le roi d'Aragon D. Pedro avait mis à sa disposition quelques troupes, le nommant en même temps son lieutenant en Corse (9 juillet 1404). Vincentello, débarqué secrètement, s'empara de Cinarca, marcha sur Biguglia qui ne résista pas, et se présenta devant Bastia. Quoique assisté de Francesco della

Rocca, Leonello avait fui devant Vincentello. De Bastia, il passa à Gênes laissant dans la forteresse une petite garnison dont le chef livra la place aux Corses pour deux cents écus.

A Biguglia, Vincentello s'était fait proclamer comte de Corse. Francesco della Rocca appela le peuple aux armes contre lui et continua la lutte sous la bannière génoise. L'Aragon était alors en paix avec la république, le roi D. Martin ordonna au gouverneur de Sardaigne et à ses officiers de porter secours à Vincentello contre les rebelles *qu'il s'étonnait de voir combattre sous l'étendard de la commune de Gênes,* de poursuivre lesdits rebelles en tous lieux, mais de respecter Calvi et Bonifacio, villes génoises (4 mai 1405). Ces lettres patentes n'étaient qu'un acte de revendication déguisée que l'absence de toute autorité génoise justifiait. Cependant en 1407, Andrea Lomellino revenait en Corse comme gouverneur ; Francesco della Rocca, maître de tout l'En-deçà-des-Monts, assiégea Vincentello dans Bastia. Le comte blessé dans une sortie s'embarqua sur un brigantin et fut chercher des secours en Sicile.

A son retour, il trouva les Cinarchesi,

Francesco della Rocca excepté, fatigués du gouvernement génois. Un accord fut conclu entre eux, et tous reconnurent la suzeraineté de Vincentello. La mort de Francesco, tué à Biguglia (10 janvier 1407), acheva de démoraliser les Lomellini. A Gênes on décréta contre Vincentello un armement auquel les communes confédérées furent contraintes de contribuer (mai 1407).

De son côté, Vincentello fit appel au roi d'Aragon, qui, en juin 1408, lui annonça la prochaine venue de ses troupes. En effet, D. Martin, à la tête d'une importante armée, débarquait peu après en Sardaigne, mais il tombait malade à Cagliari, et Vincentello, qui avait quitté la Corse pour le joindre plus vite, n'arriva que pour apprendre sa mort prématurée.

Intrigues de la famille d'Omessa. —Succès de Vincentello. — Les Génois rappelèrent les Lomellini et renvoyèrent en Corse (1411) Raffaele da Montaldo qui s'y était concilié des sympathies. Il était lié particulièrement avec la famille d'Omessa dont tous les membres revêtus de fonctions ecclésiastiques, vivaient en chefs redoutés plus qu'en prélats. Ambrogio d'Omessa était évêque d'Aleria et Giovanni, son neveu, évêque de Mariana. Ceux-ci mirent d'abord une barrière à l'ambition croissante de Vincentello ; mais quand Montaldo fut rappelé à Gênes ils semèrent l'agitation dans l'île pour exploiter la mauvaise position de ses successeurs.

Gênes avait alors pour doge Tomasino de Campo-Fregoso. Celui-ci fit décréter une dépense de cinq mille florins d'or pour soumettre la Corse (7 juin 1416) et y envoya comme gouverneur son frère Abramo, qui contraignit Vincentello à demander des secours au roi d'Aragon. Les deux évêques, quoique battus par Pietro Squarciafico, lieutenant de Tomasino, ne se découragèrent pas et recrutèrent des troupes pour lutter contre les Génois. Vincentello se joint à eux, bat Squarciafico et le fait prisonnier.

Les caporali. — A Florence on appelait primitivement *caporali* les gonfaloniers du peuple. En Corse, après Sambocuccio, les chefs des villages, sous le régime *populaire*, prennent ce titre : dans l'esprit du peuple le *caporale* devait faire contrepoids à la tyrannie du seigneur ou du podestat, mais les familles de gentilshom-

mes, elles-mêmes, ne tardèrent pas à apprécier une fonction que tous les gouvernements subventionnaient tour à tour, et une
nouvelle aristocratie mixte se forma. Il y
eut des familles de caporali. Au xve siècle
le caporale n'est plus pour le gouvernement génois que le chef d'origine locale
chargé, moyennant rétribution, de maintenir son influence. Sur ses registres de comp-
tabilité, il confondra sous la même rubri-
que les syndics des villages et les féodaux
les plus puissants de l'Au-delà-des-Monts.
Par les caporali, Gênes communique avec
chaque clan et conserve ainsi dans l'île
une autorité que les fonctionnaires génois
sont incapables de maintenir par eux-
mêmes.

Il est probable que la suppression d'une
pension qu'ils touchaient depuis deux ou
trois ans fit soulever les deux évêques et
leurs amis contre Gênes. Vincentello par
la suite se les attacha en leur rendant leur
subvention. Dès lors les familles principales de la Terre-de-Commune reçurent régu-
lièrement leur traitement, tantôt de la
république, tantôt du gouvernement aragonais, souvent aussi du seigneur cinarchese qui avait pu se constituer un parti

important. Les familles qui jouirent de ce privilège dans l'En-deçà-des-Monts étaient celles de Luco, della Pancaraccia, de Petricaggio, de l'Ortale, d'Omessa, de Chiatra, de Matra, della Casabianca, de Pruno, della Pastorecia, d'Arenoso, della Corbara, de Casta, de Campocasso, de Saint-Antonino. Dans l'Au-delà-des-Monts furent parfois subventionnées et considérées comme caporali dès le xv⁰ siècle les familles de Quenza de Sarola, de Pozzo-di-Borgo, delle Ciamanacce et avec elles les maisons des Cinarchesi.

Expédition d'Abramo de Campo-Fregoso. — Les Aragonais en Corse. — Siège de Bonifacio. — Vincentello vice-roi de Corse. — Pour les Fregosi, la Corse devait être surtout un champ d'exploitation. Ils avaient fait voter un crédit de 5.000 florins pour les frais de l'expédition. Pour continuer la guerre Abramo de Campo-Fregoso emprunta de l'argent aux Bonifaciens et vint mettre le siège devant le château de Cinarca ; quand il s'en fut emparé, jugeant qu'il lui serait difficile de le conserver, il le vendit 3500 livres à Carlo d'Ornano. Vincentello d'Istria qui avait vaincu et fait prisonnier le lieutenant d'Abramo, Andrea Lomellini, assiège le gouverneur à Biguglia et s'empare de sa personne (1420). La prise de Bastia suit de près, et les Génois sont chassés de tous les points de l'île. Il est presque inutile d'ajouter qu'Abramo ne rendit jamais aux Bonifaciens l'argent qu'il leur avait emprunté.

Sur ces entrefaites les troupes aragonaises de Sardaigne débarquent en Corse : la trahison d'un citoyen, Jacopo Montelupo, leur livre Calvi, mais la garnison qu'elles y laissent en est chassée peu de jours après par les habitants. Les Aragonais mettent ensuite le siège devant Bonifacio dont la défense est héroïque. Pendant plusieurs mois les Bonifociens, décimés par la famine et la rigueur des saisons, attendirent sans défaillance les secours que devait leur envoyer la république. Enfin Battista de Campo-Fregoso arriva avec sept vaisseaux chargés d'hommes et de vivres. Appelé à Naples par des intérêts plus pressants, le roi D. Alfonse nomma Vincentello vice-roi de Corse : le pouvoir de celui-ci, en 1421, est tel que l'annaliste génois lui-même ne le discute pas : « La plus grande partie de l'île de Corse, écrit Stella, appartient au comte Vincentello della Rocca, les Génois y règnent de nom, mais leur pouvoir y est nul. » Le pape Martin V, envoyant en Corse un légat apostolique pour y organiser un synode, l'adressa *au comte Vincentello, souverain de la Corse.* Celui-ci sut profiter de l'occasion pour convier à cette assemblée tous les laïques de quelque importance, et fit savoir que la constitution synodale devait être observée par tous, sous les peines les plus sévères. Cet acte purement politique tendait à donner à son autorité la sanction apparente du Saint-Siège.

Gênes sous le protectorat du duc de Milan. — Traités de paix avec le roi d'Aragon. — La lutte des Adorni et des Fregosi fit tomber Gênes au pouvoir du duc de Milan. Tomasino de Campo-Fregoso et les siens reçurent « en remboursement des sommes qu'ils avaient dépensées pour le service public » près de 60.000 florins et la seigneurie de Sarzane. Ils attendirent dans cette petite ville ligurienne qu'un souffle plus favorable leur rendît les hautes charges de la république qu'ils avaient su rendre si lucratives. Comme le roi de France, le duc de Milan s'était engagé à respecter la constitution des Génois et leurs franchises.

En 1424, les troupes aragonaises repassent en Corse. D. Pedro, frère du roi Alfonse, tenta de s'emparer de Bonifacio par surprise. Après une lutte acharnée il fut obligé de se retirer ; mais à Gênes on s'émut de cette tentative, et l'office de Corse fut autorisé à lever des subsides pour la défense de Calvi et de Bonifacio. Vincentello d'Istria fut déclaré ennemi public et la Corse, sauf les deux villes génoises, mise en interdit.

Le 2 mars 1426, Filippo Visconti, duc de Milan, fit la paix avec Alfonse, roi d'Aragon, et prit à sa solde quelques galères catalanes. Le roi, peu confiant, demanda à son ennemi de la veille un nantissement, et le duc lui offrit les terres de Calvi et de Bonifacio. Dès que les habitants de ces cités apprirent qu'ils étaient abandonnés, ils en appelèrent à la commune de Gênes qui les rassura, et fit observer au duc que ces deux villes ne pouvaient être aliénées sans le consentement de leurs citoyens et des Génois. Le duc offrit en place aux Aragonais les forteresses de Porto-Venere et de Lerici ; les Génois protestèrent de nouveau.

Cependant, en 1428, la paix fut conclue, chacune des parties réservant ses droits.

Prise de Vincentello d'Istria par les Génois ; son exécution. — Moins tyrannique, Vincentello, malgré l'opposition des seigneurs Cinarchesi, aurait pu établir solidement son autorité en Corse. En pensionnant les caporali, il avait fait reconnaître sa suzeraineté ; les rois d'Aragon, le Saint-Siège, Florence le traitaient en souverain, et Gênes, elle-même, par des rapports courtois avec lui, semblait accepter l'état de choses qu'il avait créé. Les excès dont il se rendit coupable causèrent sa chute. En 1433, alors qu'il était en fort mauvais termes avec Simone de'Mari, seigneur du Cap-Corse et les seigneurs della Rocca, d'Ornano et de Bozzi, ses parents, il exigea des populations qui lui restaient fidèles une contribution extraordinaire, ce qui lui aliéna les masses. En enlevant une jeune fille de Biguglia, il porta au comble l'indignation des Corses. Les habitants de la Terre-de-Commune se groupèrent autour de Simone de'Mari et le comte, presque isolé, dut quitter la Corse. Les Florentins l'accueillirent avec de grands honneurs et lui fournirent des secours. Mais comme il revenait, accompagné de son frère Giovanni, avec qui il s'était réconcilié, Zaccaria Spinola, capitaine d'une galère génoise s'empara d'eux. Vincentello, conduit à Gênes, fut condamné à avoir la tête tranchée. Avant son exécution, il revendiqua la responsabilité de tous les dommages que son frère et les autres Corses avaient infligés aux Génois ; ce qui fournit un prétexte à la république pour déclarer ses biens confisqués, L'importance qu'attacha le gouvernement génois à la capture de Vincentello fut telle que Zaccaria Spinola et son lieutenant, Giacopo di Marchisio, reçurent, en récompense, des privilèges à vie, et que chacun des officiers qui se trouvaient à bord de leur galère fut gratifié d'un don de cinquante livres.

XIV

Rivalité des seigneurs corses. — Intervention des Montaldi. — Les Fregosi et la Corse. — La Corse possession du Saint-Siège. — Nicolas V rend la Corse aux Fregosi. — Retour offensif des Aragonais (1).

(1434-1453)

Rivalité des seigneurs corses. — Intervention des Montaldi. — Après la mort de Vincentello, les feudataires recommencèrent à se disputer le pouvoir. Simone de'Mari, le plus puissant d'entre eux, se rendit maître de Bastia et se crut assez fort pour lever des impôts ; mais les Cinarchesi : Giudice d'Istria, Polo della Rocca et Rinuccio de Leca s'unirent contre lui.

---

1. ARCHIVES : Gênes : Arch. di Stato, *Litterarum*, reg. 1778 à 1793. — *Diversorum*, reg. de 516 à 532, filze 3130 A. 3131 — Not. *Giacopo Bracelli, Andrea de Cairo*. — Barcelone, Corona de Aragon, *Alphonsi IV, Corsicæ*. — Rome, Arch. Vat. Reg. *Eugenii IV*.

SOURCE NARRATIVE : Giovanni della Grossa, *Chron*.

OUVRAGES ; Petri Cynæi *De Rebus Corsicis*. — *Ann. Eccl.* — Giustiniani, *Ann., Gen.* — Cicala, *Miscell.* — Zurita *op. cit.*

Pour diviser ses adversaires, il commença par gagner à sa cause Polo della Rocca et traita avec Rinuccio. Giudice ne voulut entendre parler d'aucun accommodement : il se fit nommer comte de Corse par le roi d'Aragon, titre qui ne fut reconnu que par ses vassaux, car les insulaires, réunis à Morosaglia, élurent Polo della Rocca comte et seigneur de l'île,

Aussitôt Simone de'Mari déçu dans ses espérances, fit avec les Montaldi un traité par lequel la Corse aussitôt conquise serait partagée entre eux et lui, par moitié. Les caporali, fidèles à leurs principes d'intérêt personnel, abandonnèrent le comte Polo et se rangèrent avec les Montaldi, mais ceux-ci après la victoire, s'aliénèrent les Corses en faisant emprisonner Simone de'Mari. Sous les ordres de Rinuccio de Leca, les insulaires marchèrent contre les Montaldi dont l'armée fut taillée en pièce à Tassamone (1437).

Les Fregosi et la Corse — Cette même année, Tomasino de Campo-Fregoso fut élu doge. Reprenant le projet déjà conçu par tant de familles génoises de se constituer avec la Corse un fief particulier, il envoya son neveu Janus qui entra en correspondance avec les seigneurs et les caporali ; grâce à de belles promesses celui-ci n'eut aucune peine à parcourir la Corse en triomphateur. Après avoir reçu l'hommage des seigneurs du Cap-Corse, dont il confisqua et revendit les châteaux, il passa dans l'Au-delà-des-Monts et força Bartolomeo d'Istria, fils de Vincentello, à lui céder moyennant deux cents écus le château de Cinarca qu'il revendit 3.000 écus à Rinuccio de Leca. Pour conserver son fief, chacun des Cinarchesi paya à Janus une somme proportionnée à son importance.

Encouragé par ces premiers succès, Janus supprima les pensions des caporali. C'était imprudent : ceux-ci mirent à leur tête Polo della Rocca et Rinuccio de Leca qui forcèrent le gouverneur à s'enfuir. Revenu avec des forces importantes, il triompha des Corses, dit Giovanni della Grossa, dans la plaine de Mariana, « grâce à des épouvantails avec lesquels les Génois effrayaient les chevaux » (1441). Cette défaite eut des conséquences graves pour les Corses : pendant plusieurs mois Polo fut poursuivi par les Génois ; mais le pire, dit la chronique, fut que chacun des adversaires, partout où il passait, levait la taille, de sorte que chaque feu la paya deux fois cette année.

Raffaele Adorno ayant remplacé Tomasino, les Montaldi reparurent en Corse et s'emparèrent de la personne de Janus. Celui-ci rentré à Gênes demanda une indemnité de 6.000 livres, pour l'abandon de la Corse ; mais bientôt après, jugeant sa réclamation insuffisante, il l'éleva au chiffre de 15000 livres.

La Corse, possession du Saint-Siège. — Mariano de Gaggio. — L'évêque d'Aléria avait contribué pour une bonne part au retour des Fregosi. A son instigation, les caporali offrirent la souveraineté de l'île au pape Eugène IV qui, avec empressement, envoya Monaldo Paradisi en prendre possession. Celui-ci eut à lutter d'abord contre les Montaldi et ceux des caporali qui n'avaient pas pris part à l'appel fait au Saint-Siège. Il les battit et marcha sur Calvi où commandait Raffè de Leca, fils de Rinuccio, qui fit éprouver à l'armée pontificale une sanglante défaite. Aussitôt Eugène IV rappela son général et envoya en Corse Giacomo, évêque de Potenza, *« comme l'ange de la paix »*. Dès que l'évêque fut arrivé, les caporali se soumirent, mais réclamèrent leurs pensions depuis longtemps impayées. Giacomo ayant refusé de les satisfaire, ils mirent à leur tête Rinuccio de Leca qui, avec d'autres feudataires, vint assiéger Biguglia où siégeait l'évêque. Rinuccio fut tué sous les murs de cette ville (1444).

On se réunit de nouveau à Morosaglia et l'on tomba d'accord pour reconnaître la souveraineté du Saint-Siège. La diète nomma lieutenant-général du peuple Mariano da Caggio, de la famille des Cortinchi. Celui-ci commença par déclarer les caporali exclus à jamais des emplois et des charges. Il fit raser leurs tours et leur interdit de prendre désormais le titre de caporal (1445). La mesure était bonne ; mais ceux qui la motivaient firent appel à la sérénissime république. Aussitôt, le doge Raffaele Adorno saisit l'occasion d'utiliser la défaite de ses ennemis, les Fregosi. Il mit à la disposition de Gregorio Adorno, son parent, des troupes qui vinrent soutenir l'insurrection des caporali. Mais cette tentative ne fut pas heureuse, et l'armée génoise, battue par le lieutenant-général des Corses, fut mise en déroute.

Cependant Eugène IV, désirant asseoir, en Corse, d'une façon définitive l'autorité du Saint-Siège, envoya dans l'île des troupes romaines sous les ordres de Mariano da Norcia (1447). Celui-ci s'empara du château de Corte et vit s'ouvrir devant lui les portes de Bastia où commandait Giovanni da Montaldo. En même temps, il recevait l'hommage des habitants de la Terre-de-Commune. Mettant à profit l'appui moral que lui donnaient ses succès, il laissa une garnison à Brando et marcha contre les Cinarchesi ; les seigneurs d'Ornano et d'Istria firent leur soumission ; il s'apprêtait à attaquer Raffè de Leca lorsque la mort d'Eugène IV (23 février 1447) lui suggéra l'idée de continuer, pour son propre compte, ce qu'il avait entrepris pour celui du pape. Peut-être aurait-il réalisé son dessein si, ne craignant l'opposition de ses alliés, il n'avait fait incarcérer l'évêque de Potenza, Giudice d'Istria et Mariano da Gaggio. Ce fut le signal d'une révolte générale, et Mariano da Norcia fut obligé de se retirer à Brando. Il aurait, d'un seul coup, perdu tout le fruit de ses victoires s'il n'avait pris la précaution de vendre, avant de quitter la Corse, la forteresse de Brando pour trois cents florins d'or et d'emporter toutes les sommes qu'il avait recueillies au nom du gouvernement pontifical.

Nicolas V rend la Corse aux Fregosi. — L'avènement d'un Sarzanais au trône pontifical eut pour effet de faire rendre la Corse aux Fregosi. Janus de Campo-Fregoso ayant chassé les Adorni, avait été élevé à la dignité de doge. Pour affermir son pouvoir, il envoya à Naples son frère Lodovico renouveler les traités des Génois avec le roi d'Aragon. Lodovico passant par Rome alla baiser les pieds de Nicolas V (Tomaso Parentucelli). Celui-ci fils, d'un petit médecin sarzanais, fut-il flatté de voir le fils de son souverain lui prodiguer des marques de respect, ou se souvint-il de services antérieurement rendus pendant les longs séjours des Fregosi à Sarzane ? Toujours est-il qu'il exprima sa reconnaissance en «nommant Lodovico seigneur et gouverneur de la Corse » (juin 1447).

En prenant possession de son fief, Lodovico éprouva plus d'une déception (1): La

---

1. Cesare Bonaparte, de Sarzane, fut en ces circonstances chargé par le doge d'une mission de confiance pour son frère. C'est le premier des ascendants directs de Napoléon que l'on trouve mêlé aux affaires de la Corse (Cf. *Le Nid de l'Aigle*).

vente des citadelles et le trésor vidé par le commissaire pontifical lui furent particulièrement sensibles. Le peuple, dirigé par Mariano da Gaggio, paraissait peu disposé à accepter son autorité et les seigneurs peu préparés à verser les garanties pécuniaires qu'il en exigeait ; Mariano da Gaggio appela le peuple aux armes, et Lodovico, qui se trouvait alors à Gênes, dut revenir subitement avec huit cents hommes : l'évêque d'Aleria passa de son côté, mais en poursuivant Mariano, qui battait en retraite, il perdit beaucoup des siens sur les rives du Golo, et laissa deux cents prisonniers qui se rachetèrent à prix d'argent.

Lodovico appelé au dogat en remplacement de son frère qui venait de mourir, confia le gouvernement de la Corse à Galeazzo de Campo-Fregoso, son cousin. Les instructions que donna Lodovico à celui-ci furent surtout d'ordre pécuniaire: il l'engagea à rendre aux caporali leur pension, estimant que mieux valait dépenser deux ou trois mille livres en subventions qu'en armements ; l'expérience qu'en avait faite son frère, disait-il, avait été désastreuse. D'ailleurs il indiquait les moyens de combler les vides du trésor en exigeant cinq mille livres pour la rançon des otages corses qu'ils conservaient ; il suffisait, ajoutait-il, pour faire verser cette somme d'augmenter les tailles dans la proportion de *dix sous par livre*. On voit par ces détails les raisons qui attachaient les Fregosi à la Corse. Quoique excessivement jeune, Galeazzo, « digne de ses parents sous tous les rapports », trouva son cousin encore trop généreux ; il refusa de payer les pensions des caporali ; il salaria seulement Mariano da Caggio qui avait fait sa soumission et qu'il jugeait capable de maintenir la paix dans la Terre-de-Commune. Mais l'évêque d'Aleria mécontent, poussa les autres caporali à la révolte. Les bons conseils de l'évêque de Mariana, Michele de'Germani, inclinèrent Galeazzo vers la conciliation, et l'île goûta un peu de calme.

Retour offensif des Aragonais. — Cependant les Cinarchesi ne tardèrent pas à se lasser. Galeazzo leur fournit de lui-même des prétextes de révolte, prétextes assez fondés pour qu'il s'attirât le blâme du gouvernement. Antonio della Rocca et Vincentello d'Istria (petit neveu du comte Vincentello) passèrent en Sardaigne (mai

1451), et exprimèrent au commisaire du roi le désir qu'ils avaient de voir leur île unie à la couronne d'Aragon. Au mois de juillet suivant, le roi Alfonse IV adressait aux Cinarchesi, aux seigneurs du Cap-Corse et aux principaux d'entre les caporali des lettres pleines de promesses. En novembre, Jayme Imbisora, vice-roi de Corse, débarquait à Baracci à la tête de 300 Aragonais et prenait possession des châteaux de la Rocca et d'Istria ; le comte Polo della Rocca faisait alliance avec lui, alors que Giudice, son fils, restait avec Raffè de Leca du côté des Génois. La mort prématurée d'Imbisora arrêta les succès des Catalans. Comme le comte Polo s'embarquait pour Naples, il fut pris en mer par un corsaire espagnol qui le vendit à Galeazzo de Campo-Fregoso pour 600 écus. Moyennant une rançon de 750 écus, garantie par des tiers, Galeazzo rendit la liberté à Polo et, lui donna le titre de *vicaire du peuple* pour qu'il pût, en recueillant les impôts, réunir les fonds qu'il lui devait. Le peuple ayant refusé de verser les *accatti* ou impôts volontaires, Polo, sans se soucier des amis qui l'avaient cautionné auprès de Galeazzo, retourna dans ses terres.

XV

Cession de la Corse à l'office de San-Giorgio. —
Guerre de l'office de San-Giorgio contre les
seigneurs corses. — Mort de Raffè de Leca. —
Prétentions des Aragonais. — Giocante de Leca.
— Francesco Sforza prend possession de la Corse. — Les Milanais et la Corse. — Conspiration
de Giacomo Mancozo, évêque d'Ajaccio (1).

(1453-1480).

**Cession de la Corse à l'office de
San-Giorgio.** — Jamais la Corse n'avait

---

1. Archives : Gênes, *Diversorum*, filze 3130 A., 3131. —
Litterarum, reg. 1794, — Arch. di San-Giorgio. *Litterarum,
Diversorum, Negotiorum*, reg. (Ces registres sont classés chronologiquement) et section *Corsica*. Une salle des Archives de San-
Giorgio est spécialement consacrée à la Corse ; l'ordre chrono-
logique classe les registres ; quant aux papiers divers (*Carte
diverse*) il est impossible d'en indiquer la cote d'une façon précise,
à cause de la confusion qui est résultée de leur transport au
Palazzetto. Leur classement entrepris par M. l'archiviste
Binda, a été interrompu, l'éminent professeur ayant été appelé
à la direction des Archives de Gênes. — Milan, *Potenze estere*
(classé chron.) et dossier *Corsica*.

Sources narratives : Giovanni della Grossa, *Chron.* — Petri
Cyrnæi, *De Rebus Corsicis*.

Recueils : *Codex diplomaticus Sardiniæ*.

Ouvrages : Giustiniani, *Annales Genuenses.* — Mollard, *Dépê-
ches des protecteurs de Saint-Georges* (1454-1457), dans le *Bulletin hist. et philologique.* — Morati, *Les Milanais et la Corse.*

obéi à tant d'autorités diverses : Galeazzo de Campofregoso possédait les forteresses de San-Firenzo, de Biguglia, de Bastia et de Corte ; Calvi et Bonifacio tenaient pour la république ; un chef corse, Carlo da Casta, dominait dans les campagnes de l'En-deçà-des-Monts, tandis que chacun des Cinarchesi s'agitait pour faire prédominer son autorité personnelle sur l'île entière. Sur ces entrefaites, un corsaire catalan s'empara de San-Firenzo (7 mai 1453).

Gênes, que la prise de Constantinople, en coupant les communications avec ses colonies de la Mer Noire, venait de plonger dans une situation désastreuse, abandonnait alors à l'office de San-Giorgio (1) toutes ses possessions d'Outre-mer. Galeazzo, voyant que la Corse allait lui échapper, résolut d'en tirer au moins quelque argent : il se rendit à Gênes, et céda à la république

---

1. L'office, ou banque de San-Giorgio, fut créé en 1470, sous les auspices du maréchal de Boucicault, alors gouverneur de Gênes pour le roi de France, dans le but de grouper les créances diverses que la république avait consenties à différentes compagnies, lorsqu'ayant besoin d'argent elle leur avait aliéné une partie des revenus publics pour garantie de leurs prêts.

En peu de temps, l'office acquit une importance considérable : cette république financière avait son sénat et ses troupes. Quant aux décisions de ses magistrats, le gouvernement lui-même hésitait avant de les contester.

ses droits sur la Corse. En même temps que lui, arrivaient des députés du peuple corse qui venaient demander pour leur patrie d'être comprise dans le lot cédé à l'office de San-Giorgio. Est-il permis de douter de l'unanimité de cette requête, au succès de laquelle, Galeazzo et la banque seuls étaient intéressés ? Tout ce qu'on peut assurer c'est que les négociations ne traînèrent pas, et que pour l'abandon de la Corse, Galeazzo, dit la chronique, reçut, de l'office une « somme importante. »

Guerres de l'office de San-Giorgio contre les seigneurs corses. — Raffè de Leca. — Au mois de juin 1453, Pietro-Battista D'Oria commissaire de l'office parut dans la baie de San-Firenzo et mit le siège devant la forteresse qu'occupait Vincentello d'Istria. La place capitula et Pietro-Battista, après avoir pris possesion officiellement de Calvi et de Bonifacio tint à Biguglia une consulte nationale où l'on publia de nouvelles conventions passées entre l'office et les Corses.

Si jamais la politique des seigneurs corses se montra obscure et incompréhensible, ce fut pendant cette période où leur mobilité n'eut d'égale que la vigueur terrible de la répression. L'un après l'autre, les feudataires se soumirent, mais les soupçons des gouvernants, la susceptibilité des féodaux épuisèrent rapidement le bon vouloir dont les uns et les autres paraissaient d'abord animés. Dès 1454, un agent aragonais, Francesco de Zanilo, pousse Simone et Giovanni de' Mari à la révolte. Hieronimo de Guarco marche contre eux et après sept mois d'hostilité les soumet (6 décembre 1454). On ne triompha pas aussi aisément de Raffè de Leca malgré la coalition de Giudice et d'Antonio della Rocca, de Vincentello d'Istria et de Mariano da Caggio contre lui. Le gouverneur Salvagho de'Salvaghi passa les monts et se fit remettre Cinarca où commandait un oncle de Raffè. La mort interrompit son œuvre (nov. 1454). Son vicaire, Carlo Luxardo de' Franchi, prit le commandement et fit à Raffè des avances que celui-ci repoussa. Le nouveau gouverneur, Aluiggi Maruffo, arriva avec les troupes fraîches mais les Cinarchesi avaient abandonné le parti de l'office pour suivre Berengario Erill, vice-roi de Sardaigne pour le roi d'Aragon, qui débarquait avec deux cents Sardes. Giudice della Rocca, qui seul avec

Vincentello d'Istria, tenait encore pour l'office, fut battu dans les environs de Zigliara, et Carlo Luxardo, fait prisonnier par les Corses, fut tellement maltraité qu'il en mourut (juin 1455). Berengario Erill entra sur-le- champ en relations avec Lodovico de Campo Fregoso qui s'offrait moyennant argent à lui faire livrer la ville de Bonifacio.

Sur l'invitation du pape, les Génois signaient le 28 juillet 1455 une trêve avec l'Aragon ; les Aragonais rappelèrent leurs troupes ; astucieusement la banque en envoya de nouvelles et la Corse se ressentit peu des effets de la trêve. Raffè ayant ourdi une conspiration pour chasser de Calvi la garnison génoise, Hieronimo de Savignano fit mettre les conjurés à mort. Parmi ceux-ci se trouvait peut-être quelque parent de Giudice, toujours est-il que ce dernier vint sur-le-champ se joindre à Raffè. Les Génois furent battus et chassés complètement de l'Au-delà-des-Monts.

La tête de Raffè fut mise à prix mille ducats. L'importance de la somme tenta ses propres amis qui le livrèrent au capitaine génois, Nicolo Calvo. Il fut pendu avec vingt-deux membres de sa famille.

Spinola fit saler la tête de Raffè qu'il envoya à Gênes (1456). Quant à Calvo, les protecteurs de San-Giorgio lui manifestèrent tant de reconnaissance pour cet exploit qu'ils lui votèrent, outre une gratification de mille livres de Gênes, une pension annuelle de deux cents livres.

La mort de Raffè découragea les feudataires : Giocante de Leca, Arrigo della Rocca, Giudice d'Istria, Orlando d'Ornano et Guglielmo de Bozzi se réfugièrent à Naples. Seul Giudice della Rocca resta en Corse, mais n'ayant plus de partisans, il dut bientôt s'enfuir en Sardaigne où il mourut.

Tentatives des seigneurs exilés. — Envoi en Corse du capitaine Antonio Spinola. — A Naples, les Corses travaillaient à susciter des embarras à l'office de San-Giorgio. Une tentative fut faite par la flotte aragonaise sur San-Firenzo. Par l'entremise d'un certain Stefano de Leodio, originaire de Vico, Giudice d'Istria tenta de faire livrer Bonifacio au roi d'Aragon ; le gouverneur de la Corse, Giovanni Lercaro, découvrit à temps la conjuration (1458) ; Stefano de Leodio dut racheter sa liberté 3oo florins.

A l'intérieur, les sévérités et les excès des fonctionnaires de l'office exaspéraient les Corses ; l'assassinat de l'évêque de Mariana, Michele de' Germani, (février 1457) par un bandit nommé Brandolaccio fournit aux Génois un prétexte pour se défaire des remuants caporali d'Omessa. Le fils de l'évêque Ambrogio, d'Aleria accusé du crime fut pendu avec plusieurs de ses parents et Lercaro, dit Giovanni della Grossa, fit subir le même supplice à Valentino, frère d'Ambrogio, « uniquement parce qu'il s'affligeait de leur mort » (1).

Mettant à profit le mécontentement général, les Cinarchesi revinrent en Corse se joindre aux insurgés. Leurs premiers

---

1. L'évêque de Mariana était l'ami personnel du doge Pietro de Campo-Fregoso, ce qui explique les excès qui vengèrent cet assassinat. Le successeur de Michele, Ottaviano (?) fut inquiété et son vicaire mis à la torture. Il se plaignit aux protecteurs de ces procédés : « Pour moi, écrit-il de Rome, je les supporte facilement, car ils ne peuvent me faire grand mal, mais je me demande comment font les Corses qui n'ont pas les moyens de se faire entendre. » Ottaviano, qui reprochait à l'office ses moyens de corruption, semble avoir été l'objet de la part du doge de sévices assez graves. Peut-être même fut-il mis à mort, car Geronimo de Montenegro, successeur d'Ottaviano comme évêque de Mariana et vicaire général de l'archevêque de Gênes, déposa en grande pompe le 18 février 1460 sur le tombeau de Pietro de Campo-Fregoso une bulle de pardon sollicitée probablement *in articulo mortis.*Cette bulle mentionne l'arrestation et la détention dudit évêque de Mariana ; mais déclare que l'on ignore s'il est encore vivant. L'évêque Ottaviano ne figure pas dans les *Series Episcoporum.*

succès inspirèrent à la banque une inquiétude telle, qu'elle envoya dans l'île Antonio Spinola, l'un des meilleurs officiers de la république. Avec l'aide de Vincentello d'Istria, qui était resté l'allié de l'office, Spinola contraignit les seigneurs à se retirer dans les montagnes, et fit usage, contre ceux qui leur étaient attachés, de terribles représailles ; il ravagea la campagne, depuis les rives du Golo jusqu'à Calvi, et livra aux flammes plusieurs villages. Peu à peu les Cinarchesi firent leur soumission à Spinola qui avait promis au nom de l'office une amnistie générale. « Il les convia à un festin, raconte un Génois contemporain (1), et, contre la foi jurée, les fit décapiter. » Sans parler des moyens employés pour réunir les chefs corses, le gouverneur de la Corse, Giovanni de Levanto, annonça l'événement aux protecteurs en ces termes. « Nous sommes venus ici pour mettre en ordre les choses de ce pays et nous avons fait le nécessaire ; le magnifique capitaine a présidé à l'exécution : il a décapité Arrigo della Rocca, Vincente de Leca, Trastollo de Paganaccio et son fils, le curé

---

1. Battista de Campo-Fregoso (Fulgosius). Il rapporte qu'Antonio Spinola mourut empoisonné peu après.

doyen d'Evisa et son frère, Abram de Leca, Guglielmo de Calocuccio, et il en a fait pendre quatorze autres... J'ai envoyé des cavaliers faire de même à Antonio della Rocca et à Manone de Leca. » Ces derniers n'échappèrent pas à leur sort. Vinciguerra et Pier'Andrea della Rocca, fils de Polo, rejoignirent leur père en Sardaigne. Vincentello d'Istria aussi quitta la Corse pour se retirer à Sarzane.

Prétentions des Aragonais. — Giocante de Leca. — Francesco Sforza prend possession de la Corse. — Gênes était passé de nouveau sous le protectorat du roi de France (1459). D. Juan, roi d'Aragon, réclamait la Corse à l'indignation des Génois. Un mémoire fut rédigé dans lequel on déclara la demande de D. Juan « très injuste (*molto iniqua*), aucun roi d'Aragon n'ayant jamais eu la possession de cette île, et les souverains aragonais n'ayant jamais, dans leurs traités avec Gênes, prétendu autre chose que réserver leurs droits sur la Corse ». D. Juan ne perdait pas de vue la forteresse de Bonifacio qui représentait pour lui la clef de la Corse. L'archevêque de Sassari avait des intelligences dans la ville qu'il tenta de faire révolter par des promesses et par des menaces. Le roi offrait des fiefs en Sardaigne et des pensions de cent à deux cents ducats aux Bonifaciens ; mais la population issue de sang génois, resta fidèle.

Giocante de Leca était alors le chef du parti aragonais en Corse. D. Juan lui fit remettre une indemnité de 6o florins en raison des dommages qu'il avait subis en soutenant sa cause (1461). Polo della Rocca reçut en même temps les premiers arrérages d'une pension de 3oo livres. La bonne volonté du roi se manifestant par des présents, les seigneurs corses n'avaient pas lieu de douter de ses intentions ; le gouvernenr de Sardaigne mit à la disposition de Giocante une galère et des troupes, Giocante et Polo se réservant de faire tourner au moment opportun les événements à leur profit, s'intéressèrent au mouvement que les réfugiés corses de Sarzane et de Rome préparaient d'accord avec les Fregosi.

Vincentello d'Istria n'avait point pardonné à l'office de San-Giorgio l'assassinat des Cinarchesi, car c'était sur sa parole donnée que ceux-ci s'étaient rendus à l'invitation d'Antonio Spinola. D'accord avec l'évêque d'Aleria, Ambrogio, il poussa les Fregosi à rétablir leur autorité en Corse. Polo della Rocca et Giocante de Leca se joignirent à eux, mais une vilenie de Lodovico de Campo-Fregoso qui tâcha de faire tomber le comte Polo dans un guet-apens divisa les alliés. Dans le désordre de luttes auxquelles chacun prenait part sans en bien entrevoir le résultat, l'office voyait le nombre de ses ennemis s'accroître chaque jour. Le gouverneur Spinola en mourut de chagrin. La ville de Calvi demanda à dépendre directement de la république. Les Fregosi cherchaient un moyen de prendre possession de la Corse sans bourse délier ; comme ils négociaient à Sarzane à ce sujet, les Adorni profitèrent de leur absence pour livrer Gênes à Francesco Sforza, duc de Milan. Sous le coup des mêmes influences, la banque, par acte du 12 juillet 1463, abandonnait la Corse au duc de Milan moyennant une rente de deux mille livres de Milan.

Les Milanais et la Corse. — Conspiration de Giacomo Mancozo, évêque d'Ajaccio. — En 1464, Francesco Maletta vint prendre possession de la Corse au nom du duc de Milan ; Polo della Rocca et les seigneurs de Cap-Corse lui firent leur soumission. Dans une consulte tenue à Biguglia le 24 septembre 1464, le gouvernement milanais fut acclamé. Les Fregosi durent abandonner leurs projets sur la Corse.

Deux années s'écoulèrent en paix. En 1467, Giorgio Pagello, commissaire ducal, appela tous les habitants de la Corse à se réunir à Biguglia, pour y prêter, entre ses mains, serment de fidélité à Galeaz-Maria Sforza, qui avait succédé au duc François son père. Les feudataires de l'Au-delà-des-Monts se rendirent à son invitation, disposés à rendre hommage au mandataire du duc de Milan ; mais une querelle qui dégénéra en rixe ayant éclaté entre les habitants du Nebbio et les hommes d'armes de la suite des Cinarchesi, coupa court à ces bonnes dispositions. Irrités de ce que Pagello avait, de sa propre autorité, fait punir les coupables, les seigneurs regagnèrent immédiatement leurs châteaux. La guerre devenait inévitable ; déjà Giocante de Leca s'était avancé jusqu'à Morosaglia et avait chassé les avant-postes des Milanais ; il avait entraîné dans sa cause les seigneurs della Rocca, d'Ornano et de Bozzi et les caporali de la Terre-de-Commune. Pour parer aux événements, les habitants de l'En-deça-des-Monts se réunirent en diète dans la vallée de Morosaglia, et mirent à leur tête, avec le titre de lieutenant du peuple, Sambocuccio d'Alando (1466) neveu de celui qui avait jadis soulevé les communes. Celui-ci envoya des députés au duc de Milan qui remplaça Pagello par Battista Geraldini, d'Amelia (1468). L'empressement que mit le nouveau gouverneur à lancer des agents du fisc dans toutes les directions, faillit lui être fatal. Assiégé dans Matra, Battista d'Amelia ne dut la vie qu'à l'engagement qu'il prit de se retirer à Bastia et de n'en plus sortir. Sambocuccio d'Alando donna sa démission de lieutenant du peuple, et fut remplacé par Giudicello da Gaggio, fils de Mariano. Ses efforts n'aboutirent pas plus que ceux de son prédécesseur, il dut laisser le pouvoir à Carlo da Casta dont l'administration fut stérile. Il était réservé à Vinciguerra della Rocca d'apaiser les partis et de mettre fin aux troubles, mais lorsqu'il jugea sa mission terminée, celui-ci refusa de conserver le pouvoir et se retira dans ses terres (1473). La sagesse de sa conduite lui avait fait donner le surnom d'*ami de la justice*. Colombano della Rocca lui succéda et, l'année écoulée, remit le pouvoir aux mains de Carlo della Rocca, frère de Vinciguerra, qui prit le titre de *défenseur du peuple*, en conservant son frère pour lieutenant.

Après trois années de paix (1476), la guerre recommença entre plusieurs branches des Cinarchesi. Carlo et Vinciguerra furent obligés de se retirer dans leur patrimoine, pour le défendre contre les invasions de leurs parents; d'autre part, la mort du duc Galeaz-Maria rendit à Gênes son indépendance.

En 1479, D. Ferdinand II, roi de Castille, venait de décider une expédition en Corse lorsque le soulèvement des Portugais et la mort de l'amiral Juan Villamari arrêtèrent l'exécution de ses projets. Cependant, en Sardaigne, les intrigues continuaient pour arracher Bonifacio aux Génois. Giovanni Peralta, d'origine sarde, prétextant un voyage de commerce, entra en rapports avec quelques chefs corses et intéressa à son but l'évêque d'Ajaccio, Giacomo Mancozo ; mais arrêté par les Génois, il fut mis à la torture et condamné à mort. Un Catalan, Leonardo Esteban, poursuivit l'œuvre entreprise par Peralta et subit le même sort. Quant à l'évêque d'Ajaccio, sa culpabilité ayant été prouvée, il fut transféré dans la forteresse de Lerici (1480), où il semble avoir été mis à mort.

XVI

Retour des Fregosi. — Appiano de Piombino, seigneur de la Corse. — Retour de la Corse à l'office de San-Giorgio. — Révoltes de Gian-Paolo et de Rinuccio de Leca. — Mort de Rinuccio. — Exactions et sévérité des fonctionnaires de San-Giorgio. — Reconstruction d'Ajaccio. — Nouvelle révolte de Gian-Paolo de Leca, son exil. — Rinuccio della Rocca, ses luttes contre l'office de San-Giorgio, sa mort. — Mort de Gian-Paolo. — Etat de la Corse pendant la domination de l'office de San-Giorgio. — Population, administration. — Mœurs et coûtumes. — Le clergé. — Ravages des côtes par les corsaires. — Les émigrations. Les bandes corses (1).

(1480-1530).

1. Archives : Gênes, Arch. di San-Giorgio. *Litt., Divers.* reg. — Sect. *Corsica.* Arch. di Stato, *Arch. segreto Jurium* 1008. *Militarium.* f. 60. — Sect. Corsica (salle 63), n° 1361. — Rome, Arch. di Stato, *Soldatesche,* Conti straordinari. — *Arch. Vaticano,* reg. *Innocentis VIII. Sixti V.* — Milan, *Potenze estere, Corsica.* — *Famiglie : Corso.* — Florence Arch. *Mediceo, Balia, Camera del Commune.*

Sources narratives : Monteggiani, *Chron.* — Petrus Cyrnæus, *op. cit.*

Ouvrages : Belgrano. *Un assassinio politico, Ranuccio da Leca* — Mollard, mss de la Bibl. N. 1693-4-5, insérés dans le *Bull. de la Soc. des Sciences hist. de la Corse.* — Livi, *La Corsica e Cosmo de Medici.* — Ms d'Ornano, *La Corse militaire.* — Campi, *La Sciarabola d'Ajaccio.* Cte Forcioli-Conti, *Notre Corse.* — Colonna de Cesari Rocca *Hist. de la Corse* 1892); *Les Perez ; La vie de Don Juan* (dans le *Journal,* octobre-novembre 1895).

Retour des Fregosi. — Appiano de Piombino, seigneur de la Corse. — Tomasino vend ses droits sur la Corse à l'office de San-Giorgio. — Par l'entremise du secrétaire d'Etat Cecco Simoneta, avec lequel il s'était lié, Tomasino de Campo-Fregoso avait obtenu de la duchesse de Milan l'investiture du comté de Corse. Pour assurer son pouvoir dans l'île, il maria son fils Janus à une fille de Gian-Paolo de Leca, l'un des plus puissants Cinarchesi, et donna sa propre fille à Ristoruccio, fils de ce dernier. Après avoir triomphé des quelques caporali, qui lui faisaient opposition, en leur allouant des pensions, il fit construire l'enceinte de Bastia qui n'avait été jusqu'alors qu'une forteresse flanquée de deux ou trois pauvres habitations, et décida d'en faire sa résidence ; mais sa tyrannie fut telle qu'il jugea prudent de laisser le gouvernement de l'île à Janus en attendant qu'il pût l'aliéner ; pour cela il lui fallait l'autorisation du gouvernement milanais. Dans cette circonstance délicate, il envoya à Milan le Sarzanais Giovanni Bonaparte (1)

---

1. Le fils de ce Giovanni, Francesco Bonaparte, servit

qui l'avait suivi, à Bastia. Le 18 février 1481, celui-ci exposa la requête de Tomasino devant le conseil de régence qui ne voulut rien entendre.

Le peuple enfin se souleva, et Rinuccio de Leca, qu'il avait choisi pour chef, ne se sentant pas suffisamment fort pour tenir tête aux Fregosi, appela en Corse Appiano IV, seigneur de Piombino, neveu de Tomasino. Celui-ci envoya son frère Gherardo, comte de Montagnana qui, dans une consulte tenue dans la plaine de Lago-Benedetto, fut proclamé comte de Corse ; il prit l'engagement solennel de ne rien faire de contraire à la constitution du pays.

Ce fut alors (1483) que les Fregosi, n'ayant plus aucun espoir de rentrer en possession de la Corse, firent un nouvel abandon de leurs droits ou plutôt de leurs prétentions à la banque de San-Giorgio moyennant 2.000 écus d'or. Ce qu'apprenant, le comte Gherardo s'apprêta à rentrer en Toscane. Sur les instances de Rinuccio de Leca, il consentit à attendre l'issue d'un premier engagement. La

pendant près d'un demi-siècle comme soldat à Ajaccio où il établit sa famille. Napoléon en descendait au septième degré.

première rencontre de Gian-Paolo avec Rinuccio ayant été défavorable à ce dernier, Gherardo se désintéressant de sa seigneurie et de ses partisans, fit voile pour l'Italie.

L'office envoya en Corse comme gouverneur Matteo de' Fieschi. Celui-ci fit alliance avec Gian-Paolo de Leca, et pour laisser à son autorité le temps de s'affermir, reconnut les droits des seigneurs ultramontains.

Révoltes de Gian-Paolo et de Rinuccio de Leca. — Mort de Rinuccio. — A l'instigation de Janus de Campo-Fregoso, qui regrettait amèrement la cession de la Corse à la compagnie de San-Giorgio, Gian-Paolo de Leca appela les insulaires aux armes (1486). Convaincu de félonie, malgré ses dénégations, Campo-Fregoso fut livré par le doge aux protecteurs de la *magnifique association* qui le firent incarcérer. Gian-Paolo n'en continua pas moins la lutte, il prit le titre de comte de Corse et de Cinarca à l'indignation des seigneurs de la Rocca et d'Istria dont l'office sut utiliser les protestations. Les Génois se montrant d'une sévérité excessive pour ses partisans, Gian-Paolo se trouva bientôt isolé. Assiégé dans son château de Leca, il dut capituler, s'estimant heureux de pouvoir passer en Sardaigne avec sa famille.

Le but de l'office fut alors comme autrefois, d'abattre la puissance des Cinarchesi. Rinuccio de Leca soupçonnant la banque, dont jusque-là il avait été l'allié, de vouloir faire de lui ce qu'elle avait fait de Gian-Paolo, engagea ce dernier à revenir en Corse pour la combattre avec lui. L'exilé ne se fit pas réitérer l'invitation ; il leva une troupe de trois cents Sardes (1488), débarqua en Corse, et joignit son cousin avec lequel il fit un pacte d'alliance.

Dès que la banque apprit ce soulèvement, elle envoya dans l'île Ambrogio de Negri, « homme pratique en toutes choses et de très grand astuce ». Mais ne pouvant estimer l'importance du mouvement qui se produisait, elle ne mit pas à sa disposition les forces nécessaires, et le capitaine génois dut demander du renfort ; on lui envoya de nouvelles troupes sous le commandement de Rollandino Conte. Les deux généraux se firent battre complètement à Bocognano, mais la discorde s'étant glissée parmi les Leca, ceux-ci essuyèrent, le 29 mars 1489, une terrible défaite. Filippo di Fiesco, capitaine-général de l'armée génoise, avait été très lié avec Rinuccio de Leca : il en profita pour l'attirer dans un guet-apens, et l'envoya à Gênes où il fut jeté en prison et mis à mort. « Bisogna trà nostri pari più ingegno che virtù, » écrivait Ambrogio de' Negri a cette occasion. Cette phrase caractéristique semble avoir présidé à tous les actes de la politique génoise.

Exactions et sévérité des fonctionnaires de San-Giorgio. — Reconstruction d'Ajaccio. — On conçoit que les vassaux des seigneurs de Leca étaient fort mal notés par les fonctionnaires génois. Dans les pièves de Cinarca et de Vico la sévérité était plus grande que partout ailleurs. En 1489, Barnaba Cuneo, chancelier de l'office en cette région, écrivait aux protecteurs : « Il faut brûler la piève de Vico, et détruire à peu près toute la population ; tuer tous les otages que leurs pères ou leurs oncles ont mis entre nos mains et raser Bocognano. » Les otages étaient pour les officiers génois non seulement une garantie contre les suspects, mais un moyen d'extorquer de l'argent aux Corses qui possédaient quelques biens.

Sous le gouverneur Gaspardo di Santo-Pietro (1489), tout insulaire soupçonné d'intelligences avec les rebelles était mis à mort ou exilé, et ses biens employés à constituer une caution ; à ceux qui n'avaient rien et même aux chefs trop dangereux on prenait, selon l'usage, leurs fils ou leurs plus proches parents : c'était la garantie qu'ils ne porteraient pas les armes contre la république.

Pour les moindres délits, des amendes étaient appliquées de la façon la plus arbitraire, les fonctionnaires avaient ordre de ne pas les ménager « d'abord, disent les instructions aux gouverneurs, parce qu'elles retiennent les Corses dans le devoir, ensuite parce qu'elles diminuent les dépenses que l'office s'impose pour maintenir l'île en paix. »

Dès 1457, la banque avait conçu le projet de construire une forteresse à Ajaccio, où se trouvaient les fondations de l'éphémère Castro-Lombardo. Les guerres contre les seigneurs de Leca firent apprécier l'utilité de cette construction. En mars 1489, Ambrogio di Negro écrivait aux protecteurs ; « Je rappelle à vos seigneuries que si elles veulent la paix, il faut dépeupler la région et peupler Ajaccio, y construire une forteresse et détruire complètement la race des Leca. »

L'ancienne ville d'Ajaccio, était située au fond du golfe sur le territoire de San-Giovanni. En 1486, l'office décida que la ville jusqu'alors située sur un point insalubre, serait reconstruite à deux milles plus bas, sur la langue de terre qu'occupe aujourd'hui la citadelle. L'ingénieur chargé de tracer le plan de la cité, Paolo Mortara s'adjoignit pour diriger les travaux un Corse nommé Alfonso d'Ornano. Le 2 mai 1492, ce dernier écrivit aux protecteurs de San-Giorgio que les murailles de la ville étaient assez avancées pour « couper les jambes à toute espèce d'ennemis ». On y envoya des colons liguriens pendant longtemps le séjour n'en fut toléré qu'à un petit nombre de Corses privilégiés. Ce fut seulement en 1743, que disparurent entre les Ajacciens les distinctions d'origine.

Nouvelle révolte de Gian-Paolo de Leca, son exil. — Rinuccio della Rocca, ses luttes contre l'office de San-

Giorgio, sa mort. — Mort de Gian-Paolo. — En 1500, Gian-Paolo de Leca retourna en Corse et souleva l'Au-delà-des-Monts ; à son appel une partie même de la Terre de la Commune prit les armes. Ambrogio de Negri, envoyé contre lui, fit alliance avec Rinuccio della Rocca et força Gian-Paolo à quitter l'île. Les Génois attachèrent tant de prix à cette victoire qu'ils élevèrent une statue à l'heureux général (1501).

Un seul des Cinarchesi jouissait encore d'une certaine indépendance ; c'était Rinuccio della Rocca ; unique maître de sa seigneurie au détriment de frères incapables, il avait su se faire abandonner le fief d'Istria par les seigneurs auxquels il avait assuré le nécessaire « en viandes et en vin » leur vie durant (1487). Ennemi de Gian-Paolo, il avait été l'objet de faveurs diverses de la part de l'office et s'était marié dans la famille génoise des Cattanei. Malheureusement pour Rinuccio, la banque avait placé auprès de lui pour le surveiller un prêtre corse de moralité douteuse, Polino de Mela, qui lui servait de secrétaire. Les intrigues de ce dernier eurent pour résultat de faire révolter Rinuccio contre l'office. Il prit les armes, mais, vaincu par Nicolo D'Oria à la Casinca, il dut abandonner ses domaines à la compagnie moyennant une rente annuelle avec laquelle il alla vivre à Gênes.

Mais Rinuccio n'avait cédé qu'à la force. Dès qu'il le put, il quitta Gênes secrètement et excita de nouveaux soulèvements. Ne pouvant le dompter par la force, Gênes eut recours aux moyens les plus violents, Nicolo D'Oria somma Rinuccio de déposer les armes et de quitter l'île, sous peine de voir tomber les têtes de son fils et de son neveu, qui étaient ses prisonniers. La menace fut exécutée. Dès lors, la république n'épargna, contre la maison della Rocca, aucun crime, aucune perfidie : Giudice et Francesco della Rocca ses fils furent assassinés. Rinuccio passa en Sardaigne, puis en Espagne, où il sollicita des secours qui lui furent promis, mais qu'il ne reçut pas. Louis XII, maître de Gênes, apprit par les Cattanei, la situation de ce brave capitaine ; il lui dépêcha deux gentilhommes chargés de lui offrir de grands avantages (1507). Rinuccio se rendit à Gênes où les représentants du roi le reçurent avec distinction ; mais les négociations n'aboutirent pas et la guerre recommença. Andrea D'Oria, qui devait acquérir plus tard une célébrité universelle, menaça Rinuccio de mettre à mort le dernier de ses fils, s'il ne déposait pas les armes. Traqué de toutes parts, le chef corse, après dix ans de lutte, succomba dans une embuscade que lui avaient tendue les descendants d'Antonio della Rocca, mécontents de n'avoir point leur part de la seigneurie (1511). Gian-Paolo de Leca, qui n'avait pas renoncé à la lutte vivait alors à Rome; il y mourut en 1515. La ruine de Gian-Paolo et de Rinuccio fut aussi celle du pouvoir féodal en Corse. Gênes ne permit pas aux maisons della Rocca et de Leca de se relever, les seigneurs d'Istria, d'Ornano et de Bozzi firent leur soumission.

Population. — Si l'on s'en rapporte à Petrus Cyrnæus, le chiffre de la population de la Corse au xve siècle aurait atteint 400.000 habitants. Si flagrante que soit l'exagération, elle n'en a pas moins été fréquemment reproduite. L'administration milanaise, en 1475, estimait à 19.600 le nombre des familles astreintes à la taille. Giustiniani, dans sa description de la Corse (1515), porte le nombre *total* des feux à 30.000.

Chaque feu payait annuellement vingt sous ; mais l'office ne recueillait d'impôts que dans la Terre-de-Commune, où le nombre des feux taillables n'excédait pas 12000. 1600 feux du Cap-Corse et 6000 feux, vassaux des Cinarchesi versaient la redevance à leurs seigneurs. Les autres étaient exempts soit à cause de leur origine, soit en raison de leurs fonctions municipales. Les veuves, les infirmes, les indigents payaient une demi-taxe ou plus souvent ne payaient rien.

Il faut ajouter que l'office comptait sur les *amendes et condamnations* pour doubler exactement *en temps de paix* la faible somme encaissée par les collecteurs de tailles.

Administration. — Le gouverneur était assisté d'un vicaire chargé de rendre la justice, d'un chancelier, d'un caissier et d'un *castellano* ou geôlier. Il avait sous ses ordres des lieutenants en résidence à Ajaccio, à Vico et à l'Algajola. Quand un fonctionnaire abandonnait sa charge, il passait devant un tribunal dit des *sindicatori,* composé de six Génois et de six Corses et il devait y répondre de toutes les accusations portées contre lui.

Chaque pième (groupe de paroisses) était administrée par deux podestats assistés de six conseillers ou *ragioneri*, tous insulaires et que leur charge exemptait de la taille. Ces podestats rendaient la justice au civil, ce qui faisait dire à Petrus Cyrnæus que les Corses étaient libres et gouvernés par leurs propres lois.

Mœurs. — L'honnêteté du peuple corse est attestée par les rapports contemporains : « Quoique absolument dépourvu de culture, écrit un envoyé du duc de Milan en 1465, le peuple observe les lois de l'honnêteté et respecte les fonctionnaires pourvu qu'ils soient justes. » Les Corses, dit-il dans une autre lettre, « ne sont pas aussi pervers qu'on le pense, car si nos régions étaient à ce point dénuées de citadelles et de places fortes, et si les habitants y jouissaient d'une semblable liberté, je ne sais s'ils mèneraient une existence plus louable ». Beaucoup moins favorables aux chefs, les contemporains reprochent aux seigneurs et surtout aux caporali leur esprit de faction, leur mobilité et leurs manquements à la foi jurée.

Sous ce point de vue, les hommes politiques des républiques italiennes n'ont rien à leur envier, mais en Corse les formes sont moins observées, la civilisation raffinée de l'Italie renaissante ne se manifeste pas. Les seigneurs corses vivent pour la plupart dans des habitations dénuées de confort ; leurs femmes ne se mêlent à leur existence que pour les servir. Leur seule distraction est l'exercice des armes. Les Corses apprennent à lire et à écrire : là se borne leur instruction ; avec ce léger bagage, ils remplissent parfois des offices publics, deviennent notaires ou médecins, certains arrivent aux plus hautes dignités ecclésiastiques.

Le Clergé. — Aussi le clergé corse vit-il dans un état de scandale qui fait l'objet des rapports de tous les visiteurs. Le pape, Martin V, dans une lettre à l'évêque de Sagone s'élève contre « les évêques et les prêtres de cette île qui ont des épouses ou des concubines, et qui donnent à leurs enfants en bas âge les bénéfices apostoliques ». En 1450, la curie romaine impose un coadjuteur au fameux Antonio d'Omessa, évêque de Mariana, à cause de son ignorance. Il fallait que cette ignorance fût excessive pour motiver une telle mesure car Agostino Giustiniani écrivait, un demi-siècle plus tard, que sur le grand nombre de prêtres qui composaient le clergé corse, il n'y en avait pas cinq qui connussent la grammaire.

On cessa peu à peu de conférer les évêchés à des Corses et les titulaires s'abstinrent de paraître dans des diocèses dont certains rapportaient annuellement trois cents écus ; ils se contentaient de les affermer à des particuliers, prêtres ou laïcs, qui s'efforçaient de mériter par une gestion produtive la concession d'un bénéfice à titre personnel. Le clergé se trouvait d'ailleurs mêlé à toutes les intrigues politiques, et plus d'un prélat corse finit tragiquement : en 1396 un évêque de Sagone dont on ignore le nom est tué à Calvi ; en 1459, Michele de' Germani, évêque de Mariana est assassiné ; Ottaviano, son successeur, disparaît au cours d'une lutte inégale contre les Fregosi ; en 1480, Giacomo Mancozo, évêque d'Ajaccio, meurt exécuté, ou tout au moins dans les tortures à Lerici : en 1489, Gabriele Luxardo de Franchi, évêque de Sagone, est empoisonné.

Ravages des côtes par les corsai-

res. — Les incursions des pirates barbaresques ne furent pas l'un des moindres fléaux subis par la Corse. Elles ne finirent qu'avec le xviiie siècle et rendirent inhabitables les villages situés sur les côtes. Quand les habitants étaient surpris, la mort ou l'esclavage étaient presque inévitables. Pour éviter le retour trop fréquent de ces désastres, on établit sur les côtes des tours carrées qui devaient servir à la fois de poste-vigie et de forteresse. A la fin du xvie siècle, ces tours, assez nombreuses et assez rapprochées, purent communiquer entre elles par des signaux, et la garde en fut assurée administrativement. Quand les barques des corsaires se faisaient voir à l'horizon on donnait l'alarme : aussitôt les cloches des églises sonnaient le tocsin, invitant les populations à la défense ou à la fuite.

Les émigrations. — Les bandes corses. — Dès que les factions eurent commencé à s'inféoder aux puissances étrangères, celles-ci se trouvèrent à même d'apprécier les solides qualités militaires des Corses. Pendant le xve siècle, les rois d'Aragon, les ducs de Milan, les petits princes italiens et le Saint-Siège lui-même

avaient pu juger du tempérament auda-
cieux des insulaires, de leur sobriété et de
leur endurance. On n'eut pas de peine à
décider les premiers à quitter une patrie
trop petite pour les ambitions, et l'ère
des émigrations commença. La réputation
des Corses comme soldats s'étendit chez
toutes les puissances méditerranéennes
avec une telle rapidité que l'office de San-
Giorgio, en 1457, s'inquiétant de la dépo-
pulation de l'île, recommande à Antonio
Calvo d'empêcher les familles corses de
passer à l'étranger. Quand un insulaire est
accusé ou soupçonné de partir, on le force
à fournir des cautions : s'il part après cette
formalité, l'office se console en encaissant,
au détriment des répondants, des sommes
variant de six cents à trois mille livres suivant l'importance de l'émigrant. Malgré
cette mesure, tous les Corses que ne retiennent des intérêts puissants ou une extrême
misère, quittent l'île et étonnent peu après
leurs compatriotes à qui parvient le récit
de leur élévation : l'historien Ceccaldi cite
avec honneur les noms des colonels ou
chefs de bande : Pieretto d'Istria, Guglielmo della Casabianca, Pasquino da Sia,
Giacomo della Fica, Battiste da Leca, Gio-

cante della Casabianca, Angelo-Santo delle Vie, Bartolomeo da Vivario, Gio-Battista da Bastia, Gasparino Ceccaldi, Sampiero et Teramo da Bastelica. Il en est quantité d'autres dont la fortune dépassa l'ambition : le Bastiais Lazaro, entre autres, devint dey d'Alger, Ercole Macone, général des Vénitiens.

En 1406 Pise est annexée à la république florentine ; en 1421 c'est Livourne, port qui rattache le plus la Corse au continent italien ; dès 1423 les Corses font déjà nombre dans les milices de Florence.

L'an 1465, on ne compte pas moins de vingt-trois capitaines ou connétables corses en résidence à Rome. En 1475, une bulle de Sixte IV exige de tous les Corses qui veulent résider à Rome, ou occuper un grade dans l'armée, un cautionnement de deux cents ducats. En 1490 on leur impose des règlements particuliers auxquels on leur fait prêter serment de se conformer. En 1497, Alexandre VI chasse du patrimoine de Saint-Pierre tous les Corses qui n'y possèdent pas de biens et oblige les autres à un nouveau serment. En 1517, il y a dans la cité près de trois mille soldats corses commandés par quartorze capitaines. Enfin. Sixte V institue la garde corse pontificale dont le premier capitaine est Domenico d'Albitreccia Ornano. Cette milice fut supprimée en 1662 sur les injonctions de Louis XIV, à la suite d'une rixe survenue entre la garde corse et les laquais du duc de Créquy, son ambassadeur.

Dès 1453, les ducs de Milan ont des soldats et des capitaines corses à leur service ; dès 1460 les ducs de Ferrare. Au xvie siècle ils paraissent à Venise.

C'est là aussi que les Corses se portent en plus grand nombre. Seule la famille Peri, pendant le xviie siècle, ne leva pas moins de vingt régiments pour le compte de Saint-Marc ; les régiments corses n'étaient pas d'un modeste effectif ; on en vit composés de treize compagnies. Les Morati, les Peri, les Ornano, les Pozzo di Borgo, les Zicavo-Paganelli, les Zicavo-Luzinchi, les Ristori, les Franceschi, etc., étaient les colonels de ces régiments. La valeur des Corses appréciée hautement par le gouvernement vénitien était un objet de crainte pour l'ennemi qui ne dédaignait aucun moyen de les détacher de la cause qu'ils servaient Dans une lettre qu'il adresse au sénat, le procureur général de terre ferme, Zorzi, nous apprend que l'on donnait à Milan quinze *ducatoni* à chaque déserteur corse. En 1615, on voit les Corses, aux confins des terres vénitiennes, repousser dans les montagnes de Carso (Istrie), les Uscoques et les Allemands. A Fara et à Palma, ils se distinguent encore contre ces derniers sous les ordres de Baglione et de Giustiniani. « Les Corses dit un auteur véronais (Pona), sont des soldats courageux, il n'ont jamais tourné le dos à l'ennemi et ont contribué à diminuer les tristes conséquences des déroutes vénitiennes. » Aux temps d'Arrigo della Rocca et de Vincentello d'Istria, des familles entières étaient passées en Espagne ; mais elles ne s'y livrèrent pas exclusivement à la carrière des armes. Quelques-unes comme les Magnara (1), les Vincentelli, les Guaschi (Vasquez), les Gaspari et les Leca y acquirent de grandes richesses.

Les émigrations des Corses en France ne

---

1. D. Miguel Mañara, popularisé par la légende sous le nom de Don Juan, qui inspira *les Ames du Purgatoire* de Mérimée le *Don Juan de Marana*, de Dumas, et le *Don Juan* du poète Edmond Haraucourt, naquit à Séville en 1626 de Tomaso Magnara et de Girolama Anfriano. Des actes originaux passés en Corse par son père, et existant aux archives de D. Fabien Colonna de Leca, attestent l'origine également corse des côtés paternel et maternel de ce personnage.

devinrent fréquentes qu'après les guerres de Sampiero ; cependant le commerce du corail que faisaient les habitants du Cap-Corse sur les côtes barbaresques, les mit en rapport avec les Marseillais dès 1480. Bientôt enrichis, les Lenci, les Gaspari, les Agostini, les Franceschi, les Napolioni, les Cipriani, les Baglioni, les Beringieri comptèrent au nombre des plus riches et des plus influents Provençaux. Les Lenci fondèrent le premier établissement français sur les côtes de la Barbarie : le *Bastion de France*. Sansone Napollone de Centuri, fut l'homme de confiance de Richelieu et ambassadeur du roi en Orient.

Nous verrons dans le chapitre suivant Sampiero Corso colonel au service de la France. Alphonse d'Ornano son fils, Jean Baptiste son petit-fils reçurent le bâton de maréchal. D'autres Corses, fondèrent en France des familles militaires : c'étaient les Casanova (Casenove), les Alfonsi (d'Alphonse), un rameau des Colonna d'Ornano, les Rettori (Chapparon) etc. Léonardo de Casanova, maréchal de camp des milices corses et italiennes, reçut de Henri III le collier de Saint-Michel. Napoleone delle Vie avait été, au siège de Renty, remarqué par

Henri II qui lui avait octroyé des lettres de noblesse. Jean Baptiste Peri, né à Ajaccio parvint au grade de lieutenant-général des armées du roi Louis XIV (1).

------

1. Il serait puéril de revenir ici sur la nationalité de Christophe Colomb pour qui certains écrivains revendiquèrent jadis l'origine corse, Colomb est né à Gênes de parents génois ; les travaux de Harrisse, de Staglieno et de tant d'autres ont fait justice de la fumisterie politique qui provoqua à Calvi l'érection d'un monument à la mémoire du grand navigateur.

XVII

(1530-1570)

Sampiero Corso de Bastelica. — Projets de François Ier sur la Corse. — Jean de Médicis, dans ses *bandes noires*, recueillit plusieurs milliers de Corses.

1. ARCHIVES : Gênes. Arch. segreto, 2127, 2128, 2129. — Arch. de San-Giorgio (Voir la note relative aux sources, chap. XV). A partir de 1561 ; la plus grande partie des pièces concernant la Corse, sont réunies dans la section *Corsica, Governatore generale* (salle 63) (Ne pas confondre avec la section

Parmi les capitaines se trouvait Sampiero de Bastelica (1), qui après la mort du célèbre condottière, resta à la solde de l'empereur, et au service des Médicis, alors que Pasquino Corso (da Sia) avec deux mille autres Corses défendait les libertés de la République florentine (1529). En vain semble-t-il, Pasquino tenta de le faire pas-

---

Corsica des Archives de San-Giorgio). Les liasses et les registres sont classés chronologiquement. — Ajaccio, *Arch. départementales de la Corse*, série C. — Florence, Arch. Mediceo. *Carteggio di Cosimo di Medici.*

Sources narratives: Ceccaldi, *Chronique*, ms. Bibl. civica Berio de Gênes et Bibl. du Vatican, reproduite et continuée par Filippini, *Le Historia di Corsica.* — Cibo Recco, *Historiæ Genuenses*, ms. de la Bibl. Berio. — Roccatagliata, *De Bello cyrnico.* — Du Bellay, *Mémoires.* — Casoni, *Annali di Genova.* — Brantôme. *Vies des capitaines étrangers.* — De Thou, *Histoire.*

Recueils: Ribier, *Mémoires et lettres d'Etat.* — Charrière, *Négociations de la France avec le Levant.*

Ouvrages: Livi, *La Corsica e Cosimo di Medici.* — Fieffé, *Histoire des troupes étrangères au service de France.* — Rombaldi. *Sampiero Corso.* — Poli, *Histoire militaire des Corses.* — La Roncière, *Histoire de la marine française,* — Colonna de C. R. *Les seigneurs d'Ornano.* — Morati, *Sampiero et Vannina.* — *La Corse, Cosme de Médicis et Philippe II.*

1. Du nom de la localité où il est né. De nombreux ouvrages, parmi lesquels la biographie Firmin-Didot, le font naître au château de Sampiero, sur le Tibre. Cette fantaisie est d'invention moderne. Sampiero fut seigneur d'Ornano du chef de sa femme, il ne servit point comme page dans la maison du cardinal de Médicis, ainsi qu'on l'a souvent imprimé, car il était d'une dizaine d'années l'aîné de ce prélat. Il ne fut jamais colonel-*général* des Corses, charge qui ne fut créée que pour son fils Alphonse, après la mort de Sampiero.

ser à son parti ; créature des Médicis, Sampiero leur resta fidèle. A la mort prématurée du jeune cardinal Hippolyte, il trouve un puissant protecteur dans la personne du cardinal du Bellay qui travaillait activement à susciter des ennemis à l'empereur (1535). Ce fut alors probablement que l'on conçut pour la première fois le projet de faire passer la Corse au pouvoir du roi de France. Giovanni da Calvi, général des cordeliers, qui jouissait dans l'île d'une grande considération s'était fait fort d'en remettre toutes les citadelles aux mains du roi. François Ier avait approuvé le projet, promettant à Giovanni, s'il réussissait, de lui faire donner le chapeau de cardinal, quand la mort de celui-ci coupa court à l'entreprise.

Griefs de Sampiero contre les Génois. — Henri II prépare l'expédition de Corse. — Sampiero entra au service de la France et prit part aux guerres d'Italie. Après le traité de Crépy, il revint en Corse où il épousa Vannina d'Ornano, héritière de l'un des fiefs les plus importants de l'Au-delà-des-Monts. Peu après, le gouverneur Spinola ayant appris que Sampiero était en rapports avec les

Fregosi, fit arrêter le colonel au moment où celui-ci, revenant de Rome, débarquait à Bastia. Une sommation du roi de France mit fin à sa captivité, mais Sampiero, de ce jour, s'était déclaré l'irréconciliable ennemi de la république. Ce fut alors que du Bellay, probablement sollicité par Sampiero, fit connaître à Henri II les projets de son père sur la Corse et les négociations dont l'île, avait été l'objet. On faisait valoir que la Corse était possession génoise et que Gênes était l'alliée de Charles-Quint.

Du Bellay écrivait au connétable de Montmorency : « Je ne fais doute que les utilités qui en reviendraient ne vous soient aussi bien connues ou mieux qu'à moi. Vous tiendriez les Génevois (*sic*) la corde au col ; le passage de Rome, de Naples, de Sienne et de toutes ces mers vous serait sûr et à tous autres, sinon à vous dangereux. Vous pourriez en tirer dix mille des meilleurs combattants de toute l'Italie et sont si naturellement français qu'un chef qui serait sage les conduirait par un filet à la bouche ; en sorte qu'en peu de temps, il serait fort aisez à se mettre en sujétion volontaire. » Un capitaine corse au service de la France, Altobello Gentile, envoyé secrètement en Corse pour y examiner les lieux et y sonder les dispositions des habitants, s'acquitta de sa mission avec habileté, et fit en sorte que le maréchal de Thermes déclara l'expédition nettement opportune.

Le commandement des troupes de terre fut confié à ce dernier ; les vingt-cinq galères françaises dont se composait la flotte étaient sous les ordres de Paulin, baron de la Garde, amiral des mers du Levant, secondé par Jean de Selves. Les autres chefs étaient Giordano Orsini (Jourdan des Ursins), mestre de camp, et ses deux frères Maarbal et Francesco, le duc de Somma, Giovanni da Torino, Carlo Caraffa, Passotto Fantuzzi, Bernardino d'Ornano et Moreto-il-Calabrese. Six compagnies françaises, de trois cents hommes chacune, étaient commandées par le capitaine Vanneron. Sampiero conduisant ses Corses, et soixante galères turques sous les ordres de Dragut-Raïs devaient se joindre aux troupes du roi de France.

Conquête de la Corse par les Français. — A la fin du mois d'août 1553, six galères se présentèrent devant Bastia. Malgré le courage du gouverneur Alessandro

Gentile, la place capitula au bout de peu de jours. Ce léger obstacle fut le seul que rencontrèrent les Français dans leur marche conquérante. Partout ils furent accueillis comme des libérateurs : San-Firenzo se rendit à de Thermes, Corte à Sampiero ; il entra sans coup férir dans Ajaccio, dont les habitants, presque tous Génois avaient fui.

Le 23 août 1553, Thermes prenait possession officielle de la Corse au nom du roi de France. Dans l'Au-delà-des-Monts, Sampiero partageait entre ses compagnons (pour la plupart de la famille d'Ornano) les territoires conquis et les chargeait d'organiser de nouvelles bandes.

De son côté, le baron de la Garde ralliait à son parti Giacopo-Santo de' Mari, l'un des seigneurs les plus considérés du Cap-Corse. Dragut s'emparait de Porto-Vecchio et mettait le siège devant Bonifacio où commandait un chevalier de Malte, Antonio del Canetto. Au bout de seize jours, les habitants découragés par un de leurs compatriotes, Catacciuoli, envoyé de Gênes, mais gagné à la cause des Français, se rendirent « vie et bagues sauves ». Mais Dragut, privé d'un butin sur lequel il avait compté, voulut mettre la ville à sac. Quoique Thermes lui eût promis une indemnité de trente mille écus pour ses frais de guerre, le corsaire ne pouvant admettre une expédition sans pillage, s'éloigna, après avoir massacré la garnison génoise ; il emmenait avec lui, comme garantie des trente mille écus, le neveu de Thermes, Montastruc, que celui-ci avait envoyé pour lui reprocher la violation des traités.

Calvi seule résistait encore. Cette ville qui, comme Bonifacio, n'était presque habitée que par des citoyens d'origine génoise, tirait vanité de sa fidélité à la république. Inaccessible, bien pourvue, la place se défendit avec énergie.

Les Génois reprennent l'offensive. Siège de San-Firenzo. — « Quant aux Génevois, ils sont délibérez de dépenser tout ce qu'ils ont, jusqu'à leurs propres vies, sans y épargner leurs femmes et leurs enfants, au recouvrement de la dite île de Corsègue (1). » Charles-Quint s'était engagé à supporter le moitié des frais de la guerre. La banque de San-Giorgio se décida aux

---

1. Paroles du nonce du pape au roi rapportées dans un mémoire adressé au cardinal de Bellay (*Ribier*, t. II, p. 473).

plus grands sacrifices : on arma vingt-six galères, l'empereur fournit douze mille hommes de pied et cinq cents cavaliers, le duc de Toscane, Cosme de Médicis, alors allié de Charles-Quint trois mille soldats auxquels s'ajoutèrent deux mille Milanais. Le vieil amiral, Andrea D'Oria, reçut en grande pompe le commandement de toutes ces troupes le 10 novembre 1553. Agostino Spinola commandait en second.

Le 15, la flotte des confédérés mouillait dans la baie de Saint-Florent et Spinola mettait le siège devant la ville défendue par trois mille hommes sous les ordres de Jourdan des Ursins. Pendant ce temps un détachement de troupes espagnoles, commandé par D. Santo da Leva, s'emparait de Bastia. Le gouverneur Altobello Gentile, mal secondé par le capitaine français qui commandait la citadelle, fut obligé de se retirer à Furiani pour y attendre du renfort. Ce fut le signal des désastres, les trente-trois galères françaises qui portaient les secours demandés par Thermes, arrivées en vue de San-Firenzo, durent rebrousser chemin, car la flotte de D'Oria fermait l'entrée du port. Elles firent voiles sur Bonifacio, mais en route une tempête survint qui les dispersa. Ce qu'apprenant, des Ursins perdit tout espoir : trois mois de siège avaient épuisé la ville, ses troupes étaient dans le dénûment le plus absolu de vivres et de munitions : il voulut obtenir au moins les bénéfices d'une capitulation honorable. Mais D'Oria, qui avait vu tomber neuf mille des siens sous les murs de San-Firenzo, n'était décidé à accorder aux soldats insulaires aucun quartier. Les négociations allaient donc échouer quand ceux-ci, sous la direction de Bernadino d'Ornano, se frayèrent un chemin sur des barques à la pointe de l'épée. Ce fait d'armes passa, en ce siècle guerrier, pour un des plus merveilleux qui aient jamais été exécutés. Brantôme et De Thou le narrent en y joignant les témoignages de la plus énergique admiration. Il ne resta dans la ville qu'une trentaine d'hommes que D'Oria envoya aux galères. La reddition de San-Firenzo se fit le 17 février 1554.

Cependant les Génois obtenaient d'importants succès sur différents point de l'île. La trahison du gouverneur de Corte, le capitaine La Chambre leur avait livré cette ville. Les Catalans ravageaient la partie septentrionale de l'île et s'emparaient du château de San-Colombano qui appartenait à Giacopo-Santo de' Mari. Pour hâter la conquête, D'Oria publia une amnistie générale en faveur de ceux qui voulaient abandonner le parti des Français. Ce système, souvent renouvelé par le gouvernement génois, produisait toujours quelques résultats.

Occupation de la Corse par les Français. La Corse incorporée à la couronne de France. — « Thermes, dit Tavannes, avait trois incommodités : maladie, butin et désir de retraite. » Comme il ne connaissait pas la nature du pays, ses qualités de tacticien lui devenaient inutiles, et il était obligé de s'avouer inférieur au colonel des Corses. Sur la demande des chefs insulaires, le général français dégagea sa responsabilité, en confiant sinon le commandement officiel, du moins la direction de la guerre à Sampiero. Aussitôt l'armée génoise est obligée de se replier sur les forts ; Sampiero taille en pièces les troupes de Spinola ; malheureusement il est blessé d'une arquebusade qui l'atteint à la cuisse (1554). Des alternatives de succès et de revers obligent les Français à quitter Morosaglia dont il s'étaient emparés. Malgré son énergie, Sampiero, souffrant de sa blessure, est obligé de laisser à un autre le soin de continuer la guerre. Giacoposanto de' Mari nommé colonel se montra digne de la confiance de Sampiero : il fit appel à la jeunesse corse et en peu de jours, quarante nouveaux capitaines leur apportaient un renfort de plusieurs milliers d'hommes.

Cependant Spinola tirait parti de l'absence de Sampiero. A Morosaglia, après une lutte de plusieurs heures, les Corses, inférieurs en nombre, sont massacrés, et le général génois livre aux flammes les villages et les hameaux des environs. Aussitôt les soldats envahissent la campagne, marchent sur Orezza qu'ils mettent à feu et à sang, ils incendient les pièves d'Ampugnani, de Rostino, de Travagna et d'Alesani.

Mais l'absence de D'Oria, rappelé par Charles-Quint pour faire face au corsaire Dragut, et la réapparition de Sampiero sur le théâtre de la guerre, allaient modifier la marche des événements. De plus, l'indiscipline se glissait dans les rangs des alliés. La forteresse de Corte abandonné par la garnison française après la déroute de Morosaglia est reprise par les Corses. Les premiers succès de Sampiero convalescent furent couronnés par une grande victoire. Cinq cents Génois succombèrent à

Tenda, ce qui terrifia la banque de San-Giorgio. Les Corses prirent douze drapeaux et firent sept cents prisonniers, parmi lesquels Brancadoro, qui commandait en chef, Polo Casanova, Giordano da Pino, l'historien Marc-Antonio Ceccaldi, et l'un des Spinola. Mais les Corses, de leur côté, perdirent l'un des plus braves d'entre eux : Giacopo-Santo de' Mari (18 septembre 1554).

Sur ces entrefaites, le baron de La Garde fit savoir à Sampiero que le roi le mandait à Paris, pour apprendre de sa bouche les détails de l'expédition. Cet appel ressemblait fort à une disgrâce, et Thermes fut soupçonné de n'y être pas étranger. Aussi Sampiero se plaignit-il à Henri II du généralissime en termes fort amers. Après avoir tenté en vain de les réconcilier, le roi comprenant que la présence de Sampiero en Corse était plus utile que celle de Thermes, substitua doucement Jourdan des Ursins à celui-ci dans le commandement de l'expédition, et lorsque le vieux général revint en France (juin 1555), il l'envoya en Toscane appuyer le maréchal de Brissac.

La même année, Gênes préposait à l'administration de la Corse un nouveau gouverneur : Nicolo Pallavicini. Celui-ci, rompant avec les procédés tyranniques de ses prédécesseurs, montra vis-à-vis des insulaires, tant de douceur et de modération, qu'il inspira de graves inquiétudes à Jourdan des Ursins.

Celui-ci crut le moment favorable pour mettre le siège devant Calvi ; il allait s'en emparer, lorsqu'une courte apparition de D'Oria suspendit un moment les succès de l'armée française. Mais l'amiral génois, rappelé en Italie, la flotte française de La Garde, grossie des galères ottomanes, commandées par Cassim-Bassa et Dragut, vint canonner les murs de la ville. Malgré la défense héroïque des habitants, la vigueur de l'attaque allait en avoir raison, quand tout à coup Cassim-Bassa, apparemment soudoyé par les Génois, se retira avec ses vaisseaux. Il consentait toujours cependant à coopérer au siège de Bastia ; mais un matin, La Garde constata la disparition de la flotte turque qui, dès lors, ne reparut plus.

L'abandon des corsaires avait impressionné défavorablement les Corses : leur échec devant Calvi les découragea. Les provinces du Nebbio et de la Balagne se soumettant à Gênes sans coup férir, donnaient un dangereux exemple. Pallavicino faisait publier une amnistie générale, moyen qui ne manquait jamais de rallier quelques timides à la république. L'expédition se dessinait sous un jour inquiétant pour la France, quand la présence de Sampiero vint arrêter les cours des défections. Il s'efforça d'apaiser les haines de famille à famille que les Génois mettaient tant d'art à entretenir. Il fit conclure des trèves, et s'appliqua à diriger toutes les animosités vers l'ennemi commun : Gênes.

Au commencement d'octobre, il joignit le mestre de camp Jean de Crozes en Balagne. A la suite d'un engagement malheureux contre le capitaine génois Giustiniani dont les forces étaient bien supérieures à celles des Français, Sampiero faillit rester prisonnier.

Le bruit qu'une trève avait été signée commençait à circuler en Corse. Au lieu de s'apaiser, Français et Génois redoublèrent d'ardeur, chaque nation devant aux termes de la trève, conserver les forteresres et places qu'il occupait au moment de la signature. Le 7 avril 1556, la trève de Vaucelles qui avait été conclue le 6 février fut notifiée aux troupes françaises et génoises. Les dernières rencontres ayant été défavorables à ceux-ci, un différend s'éleva entre les officiers des deux nations. Les Génois prétendaient que chacun devait occuper pacifiquement tous les pays qu'il possédait le jour où la trève avait été signée, c'est-à-dire le 5 février. Les Français interprétaient les termes de la trève dans le sens qui leur était favorable et prétendaient conserver ce qu'ils possédaient au jour de sa publication en Corse. Les Génois ne pouvaient que protester, car à l'exception de Bastia, Calvi, Erbalonga et de quelques petites tours sans importance, l'île était entièrement occupée par l'armée franco-corse. D'ailleurs la trève qui avait rendu sa tranquillité à l'Europe fut en Corse fort mal observée.

L'influence de Sampiero sur les populations avait constamment tenu en éveil la jalousie des autres généraux. Le Corse était revenu de France satisfait de l'accueil du roi. Dès que la trève eut donné à la Corse un semblant de pacification, Jourdan des Ursins jugea nécessaire d'aller retremper sa faveur à la cour. Mais avant de partir, il convoqua tous les Corses à une *vedata* générale qui fut tenue à Corte au mois de septembre. Chaque piève y fut représentée par deux délégués. Les douze élus suivant l'usage corse, rédigèrent une série de requêtes que Jourdan s'engagea à mettre sous les yeux du roi. On désigna pour l'accompagner deux ambassadeurs Giacomo della Casabianca et Leonardo da Corte (Casanova).

Le roi Henri II reçut gracieusement les députés de la nation corse et leur accorda ce qu'ils désiraient. Jourdan des Ursins ; nommé vice-roi de Corse fut chargé d'organiser l'administration de l'île. Le 15 septembre 1557, les ambassadeurs en une consulte réunie à Vescovato sous la présidence de Sampiero rendirent compte de leur mission. Des Ursins prit longuement la parole et déclare aux cours que le roi venait de les « soustraire à jamais à la domination tyrannique de Gênes et qu'il avait incorporé l'île à la couronne de France en telle sorte qu'il ne pouvait abandonner les Corses sans abandonner sa propre couronne. »

Paix de Cateau-Cambrésis. — Doléances des Corses à Jourdan des Ursins. — Le 3 avril 1559 fut signée la paix de

Cateau-Cambrésis, qui enlevait plus à la France en un jour « qu'on ne lui aurait osté en trente ans de revers ». L'opinion la plus répandue chez les Corses fut que le roi abandonnait une contrée qui ne lui était plus utile, la guerre étant terminée. « La vérité, dit M. Jacques Rombaldi, est que la reddition de la Corse à la république fut l'objet des disputes les plus vives entre les négociateurs du traité, que cette question faillit, à diverses reprises, amener la rupture des pourparlers et rallumer la guerre et qu'enfin Henri II ne consentit à cet abandon qu'à la dernière extrémité. »

Jourdan des Ursins espérant peut-être que la paix ne serait pas définitive, tint le traité caché pendant quelque temps ; mais bientôt il reçut l'ordre de préparer son départ. Les chefs corses vinrent alors le trouver à Ajaccio « remontrant la fidélité qu'ils ont toujours maintenue pour la France, la ruine qu'avait apportée la guerre en leurs maisons, personnes et biens, et demandant qu'il pleust au roy de les garder envers et contre tous, sans jamais les rendre entre les mains des Genevois, que si le roy cependant estimoit que l'île était trop à charge à sa couronne, ils contribueraient à la dépense ; pour la soulager en partie, ils se taxeroient eux-mêmes de payer le lieutenant général de Sa Majesté, la justice et les gardes des tours et caps de la marine, et, en outre, feroient un tribut annuel pour payer au roy quelque somme d'argent selon leur possibilité et pauvreté. Sire, dit plus loin Jourdan des Ursins, ce serait chose trop longue d'écrire à Votre Majesté, par le menu, toutes choses qu'ils me dirent, car pendant une grosse heure ce ne fut que pleurs et lamentations, vous disant en substance, Sire, que c'était la plus grande pitié du monde de les voir. »

Efforts de Sampiero pour recommencer la guerre. — Malgré la douleur qu'avait conçue Sampiero de voir tourner si mal une expédition qu'il avait conseillée, le chef corse gardait tout son espoir. Pendant quatre ans il ne cessa de parcourir l'Europe, sollicitant de tous les pouvoirs aide et secours. Reçu par les cours de Navarre et de Florence avec beaucoup d'égards, il n'en obtint cependant que des promesses. Il résolut alors de s'adresser aux princes musulmans. Khaïr Eddin Barberousse, en Alger, le reçut avec de grands honneurs. Ce fut là que, prêt à partir pour Constantinople, il apprit que les agents de l'office avaient décidé sa femme Vannina d'Ornano à se rendre, avec ses enfants, à Gênes pour y réconcilier son mari avec la république. Sampiero charge aussitôt Antonio da San-Firenzo de veiller sur Vannina et, à son retour de Constantinople, il l'étrangle de ses propres mains. Puis, il se rend à la cour : « A la nouvelle de ce crime, dit de Thou, la plupart des courtisans avaient été saisis d'indignation; les femmes surtout. La reine-mère ne voulait pas supporter la présence d'un homme aussi méchant. Sampiero découvrit sa poitrine couverte des blessures reçues au service du roi de France. « Qu'importe au roi et à la France, dit-il, de savoir si Sampiero a bien ou mal vécu et comment il s'est comporté avec sa femme. » La dignité de son attitude et le souvenir des services qu'il avait rendus, modifièrent l'impression de la cour et il ne fut exercé contre lui aucune poursuite.

De Paris, Sampiero excitait les Fregosi à la révolte contre la république qui tenait leurs biens en séquestre, il engageait le duc de Toscane à joindre la Corse à ses Etats ; il priait le duc de Parme de mettre quelques troupes à sa disposition ; il faisait espérer aux Corses la délivrance prochaine et les exhortait à travailler d'un accord de forces unanime. De ce côté, la tâche était facile, car la tyrannie de la banque était plus intolérable que jamais. Les impôts étaient tels que « dans toute la Corse, dit Filippini, il n'y eut terre, rocher, étang, marais, forêt, buisson, lieu sauvage, rien enfin qui ne reçût son estimation ».

Le premier gouverneur, Gasparo del Oliva, avait encore montré une certaine modération. Son successeur Nicolo Cibbà déploya vis-à-vis des insulaires une sévérité inexplicable ; un grand nombre de Corses, coupables du seul crime d'être suspects, subirent la torture et furent bannis ou incarcérés.

Rétrocession de la Corse. — En 1562 (décret du 30 juin), la république prit directement le gouvernement de l'île. Des rébellions partielles tenaient le *Magistrat de Corse* dans une inquiétude constante : le 21 avril 1563, un décret accorde une prime de 50 livres à quiconque remettra entre les mains de la justice un rebelle condamné à mort, de 12 livres 10 sols pour un rebelle non condamné. Peu après (10 mai) la république décrète une amnistie générale en faveur des Corses. Quatre cependant reconnus coupables de lèse-majesté ou de crime d'Etat, furent exclus de cette mesure : c'étaient Sampiero, Giovanni della Rocca, Antonio da San-Fiorenzo et Achill da Campocasso.

En 1564 tout était mûr pour la révolte.

Nouvelles guerres de Sampiero en Corse. — Le 12 juin, Sampiero débarqua dans la baie de Vallinco avec vingt-cinq Corses et vingt-cinq Français. Il marche aussitôt sur le château d'Istria, s'en empare et se dirige vers Corte ; sa petite troupe grossit en chemin, la ville attaquée ne fait aucune résistance.

Partout où il passe, Sampiero harangue les habitants et les exhorte à prendre les armes ; à Vescovato, il rencontre l'armée génoise commandée par Nicolò de' Negri ; il la culbute et achève sa victoire près de Caccia, où le général ligurien est tué.

Il fut remplacé par Stefano D'Oria. Celui-ci débarqué à Bastia le 29 juillet avec quatre mille hommes signala son arrivée en livrant aux flammes le village de Volpajola. La guerre offrit dès lors des alternatives de succès et de revers compensés, mais naturellement fatales aux deux nations.

Bien que Sampiero fût invité par le roi de France à cesser la lutte et à se contenter de voir les Corses mieux traités que par le passé, il en recevait des secours en armes et en argent. Le riche armateur corse de Marseille, Tomaso Lencio (Thomas de Lenche) lui servait d'intermédiaire et de banquier, car officiellement, la cour ne voulait prêter en rien la main à la rébellion : cependant elle ne laissait pas que de couvrir d'une protection efficace les navires français qui portaient des cargaisons au colonel Sampiero.

A la fin de l'année, la position de Stefano D'Oria n'était plus tenable. Le 8 décembre 1564, il écrivait à Gênes pour demander des secours.

Andrea D'Oria vint à son tour appuyer les troupes de la république avec vingt-quatre galères chargées de soldats espagnols et italiens. Ces troupes passèrent les monts et ravagèrent tout l'Au-delà-des-Monts. Bastelica, Olmeto et Sartène furent incendiées ; par représaille on rasa la maison de Sampiero à niveau du sol ; on brûla les blés. Cette campagne des D'Oria détruisit cent vingt-trois hameaux ; mais elle coûta à la république plusieurs milliers d'hommes.

Lassés de la guerre, les Génois étaient rentrés dans leurs places fortes. Sampiero profita de ce moment de répit pour convoquer une consulte à Piedicorte-di-Bozio ; un impôt de trente sous par famille fut décrété pour subvenir aux frais de la guerre, on rétablit l'antique commission des douze, et on décida qu'une députation serait envoyée au roi de France pour lui exposer la conduite des Génois et lui demander sa protection. Les députés Antonio-Padovano da Pozzo-di-Brando et Leonardo di Casanova, de Corte, obtinrent de la reine-mère 9.000 écus. Ils rapportèrent en outre 62 pistolets, 62 selles et 13 drapeaux sur lesquels on lisait : *Pugna pro patria*. Avec les députés, arrivait de France, Alphonse d'Ornano, fils de Sampiero. Catherine de Médicis leur avait promis, disait-on, une subvention de 5.000 écus par mois pour tout le temps de la guerre.

A la même époque D'Oria fut remplacé par Vivaldi, auquel succéda peu après Fornari.

De son côté, le duc de Toscane aurait

bien voulu joindre la Corse à ses Etats ;
mais il ne pouvait faire acte d'hostilité
envers les Génois sans le consentement de
Philippe II roi d'Espagne. Celui-ci n'entra
pas dans les vues de Cosme de Médicis
qui, désirant ménager Sampiero, lui fit
remettre discrètement par Aurelio Fregoso
du plomb et de la poudre.

Cette lutte qui dura trente mois (15 juin
1564, 17 janvier 1567) dépassa en horreur
toutes les précédentes. Les ennemis ne connaissaient plus de ménagements. Sampiero
jetait les prisonniers en pâture à ses chiens ;
les Génois torturaient les Corses tombés
entre leurs mains, avant de les pendre ;
les femmes elles-mêmes se livraient sur les
prisonniers à de monstrueuses cruautés.
L'exaspération était à son comble, les D'O-
ria brûlaient des villages entiers, malgré les
efforts des Corses à leur service pour les en
empêcher. Pour les insulaires, pas de neutralité possible ; les habitants de Pozzo-di-
Borgo, sommés de se rendre par un capitaine génois répondirent que « dans un cas
ou dans l'autre, ils seraient tués ou brûlés,
que ce fût par les gens de Sampiero ou par
nous (les Génois) et que puisque leur sort
était inévitable, ils préféraient être brûlés

par nous que par les autres. » Les chefs de ce village voyaient juste : les Génois soupçonnant leur fidélité, mirent le feu à leurs maisons, et Sampiero, les accusant d'espionnage, les fit dévorer par ses chiens. A Vescovato, Sampiero jeta dans le feu les prisonniers génois et poignarda de sa propre main les capitaines corses qu'il prit dans leurs rangs. A Moriani, Francesco Giustiniano fit subir le même sort à Pier' Giovanni d'Ornano. C'était un échange continuel d'horribles représailles. L'un des principaux lieutenants de Sampiero, Antonio da San-Firenzo ayant fait prisonnier le capitaine Ettore Ravaschiero, le fait mettre en pièces par ses chiens ; et comme celui-ci lui reproche la barbarie de son supplice, Antonio lui rappelle la mort de Paris de San-Firenzo fusillé la veille par les soldats génois, et le tue d'un coup d'arquebuse.

Mort de Sampiero. — Le caractère autoritaire et violent de Sampiero fut en partie cause de sa perte ; déjà, plusieurs de ses compagnons las de son despotisme, l'avaient abandonné. Achille da Campocasso, personnage inconstant et susceptible, mais d'un courage qui fait dire à Filippini qu'il eût pu être un autre Sampiero, était déjà passé aux Génois. Au mois de novembre 1566, Sampiero mécontenta Ercole d'Istria, et la discussion qu'il eut avec lui, semble-t-il, causa sa mort. Sampiero ayant décidé l'envoi d'une ambassade au roi de France, résolut d'y joindre Ercole dont il appréciait le crédit et redoutait la défection ; celui-ci prévint par lettre le capitaine génois Raffaele Giustiniani de la date fixée pour l'embarquement de l'ambassade. Le bateau qui portait les Corses fut surpris par les soldats de Giustiniano au moment où il sortait du port, et les envoyés de Sampiero ne purent que se jeter à la mer pour tâcher de gagner la côte à la nage. Seuls Leonardo da Corte et Antonpadovano da Pozzo-di-Brando s'échappèrent. Domenico Cattaciuolo, riche Bonifacien, ami de Sampiero, se noya ; Ercole, Paris da San-Firenzo et Anton-Francesco Cernucolo (dit le Piovanello de Calvi) furent fait prisonniers avec leurs domestiques. Ercole, après un interrogatoire courtois fut mis en liberté. Les tortures que l'on infligea aux deux autres furent telles que le Piovanello en mourut sans avoir recouvré sa raison. Quant à

Paris, comme il avait les jambes brûlées, on le transporta sur un âne aux remparts d'Ajaccio où, suspendu la tête en bas, il servit de cible aux soldats génois. On a vu comment sa mort fut vengée par Antonio da San Firenzo.

La crainte que ressentait Ercole d'Istria d'être repris par Sampiero, hâta sa vengeance. Il mit le capitaine Raffaele Giustiniani en rapports avec un Corse nommé Vittolo pour qui Sampiero avait une grande affection et fra Ambrogio da Bastelica, qui, moyennant une récompense, s'offrirent à informer journellement les Génois des déplacements de Sampiero pendant son séjour dans la région. Le 17 janvier 1567, Sampiero tomba dans une embuscade où se trouvaient réunis Raffaele Giustiniani, Michel-Angelo d'Ornano (lieutenant de Raffaele) et ses frères qui, avec Ercole d'Istria étaient à la solde du commissaire d'Ajaccio. Après avoir constaté l'inégalité de la lutte, Sampiero ordonna à ceux qui l'accompagnaient (son fils était du nombre) de partir au plus vite. Suivant son habitude, il restait à l'arrière-garde et protégeait la retraite. Giovan-Antonio d'Ornano le joignit le premier. Après quelques instants de lutte, Michel-Angelo et Gian-Francesco étant accourus au secours de leur frère, Sampiero attaqué de tous côtés succomba. Sa tête fut tranchée et portée en grande pompe à Ajaccio (17 janvier 1567). On ne saurait croire aux transports de joie dont les Génois saluèrent la nouvelle de sa mort, si l'on n'en trouvait la preuve matérielle dans la correspondance même des officiers : « Dieu soit loué, commence le gouverneur Fornari dans sa lettre au sénat, ce matin, j'ai fait mettre la tête du rebelle Sampiero sur une pique à la porte de la ville et une jambe sur le bastion (1) ; je n'ai pu réunir les restes du corps parce que les cavaliers et les soldats ont voulu en avoir chacun un morceau pour mettre à leur lance en guise de trophée. » — « Fornari, dit Filippini, ressentit une joie si vive de cet événement qu'il croyait rêver ; il ordonna des réjouissances solennelles, fit tirer toute l'artillerie d'Ajaccio qui était fort nombreuse et jeta de l'argent au public par les fenêtres de son palais. »

---

1. Le 1er avril 1569 le crâne de Sampiero était encore exposé sur la porte de la ville. Alphonse d'Ornano fit de l'enlèvement de ce macabre trophée la première condition de la paix.

Alphonse d'Ornano prend le commandement des Corses. — Giorgio D'Oria succède à Fornari. — Pacification de la Corse. — La douleur qu'éprouvèrent les Corses à la nouvelle de la mort de Sampiero ne peut être comparée qu'aux transports de joie des Gênois. Au nombre de trois mille, les nationaux se réunirent sur la place de l'église d'Orezza où, à l'instigation de Leonardo de Casanova, ils élurent pour chef le fils de Sampiero, Alphonse d'Ornano, quoiqu'il n'eût que dix-huit ans (1) et lui adjoignirent quatre conseillers : Francesco da Renno, Giovanni della Rocca, Giudice d'Arbois et Giovanni da Nessa.

Le premier acte d'Alphonse fut d'envoyer en France Anton, Padovano da Pozzo-di-Brando pour annoncer au roi et à la reine-mère la mort de Sampiero, et solliciter des secours. D'ailleurs, la guerre ne fut pas interrompue; secondé par Luzio della Casabianca et Leonardo di Casanova, il ne ralentit pas la vigueur de la lutte. A Renno il remporta deux victoires : Delfino,

1. Sampiero laissait un autre fils, Anton' Pietro, qui fut tué à Rome par un seigneur français dans une querelle.

son cousin, détruisit un détachement génois, et lui-même, peu après, tailla en pièces les troupes de Giustiniano.

Mais Corses et Génois étaient épuisés et
aspiraient à la paix. Deux factions *rouge
et noire* ensanglantaient l'île, encouragées
tour à tour par le gouvernement génois.
Les insulaires se désintéressaient de la
guerre. A la fin de l'année 1567, Fornari
écrivait que les forces des rebelles n'attei-
gnaient plus que cent trente hommes auxquels s'étaient joints une trentaine d'aven-
turiers français. Au mois de mars 1568,
Alphonse restait à Vico avec soixante partisans seulement.

L'évêque de Sagone s'entremit pour
obtenir en faveur d'Alphonse et de ses
compagnons une paix honorable, car une
plus longue résistance était impossible. Un
nouveau gouverneur, Giorgio D'Oria, avait
remplacé Fornari ; cet homme probe et
modéré fit inviter Alphonse à rédiger lui-
même ses conditions. En quinze articles,
le fougueux jeune homme formula si violemment ses prétentions que Giorgio D'Oria
pria l'évêque de Sagone de le rappeler
aux convenances (1er février 1569). Le tact
avec lequel Giorgio D'Oria sut présenter

sa remontrance, assura la pacification de l'île : six jours après Alphonse envoyait au gouverneur son secrétaire, Simone da Calvi, avec une requête dont la teneur quoique pleine de dignité, était acceptable. Le 1er avril 1569, Alphonse s'embarqua pour Marseille avec trois cents Corses, montés sur deux galères envoyées par Catherine de Médicis. Quelques jours après, Giorgio D'Oria, ayant réuni une diète générale des notables de l'île à Bastia, y proclama l'amnistie générale requise par Alphonse d'Ornano (1).

____

1. Les conventions passées entre Alphonse et la république furent les suivantes : 1° Amnistie complète pour tout ce qui s'est commis pendant la guerre ; 2° Facultés pour les nationaux des deux sexes de pouvoir s'embarquer pour n'importe que lieu ; 3° Liberté à chacun de disposer de ses biens ; 4° Retour à Alphonse du fief d'Ornano (le gouverneur, s'il ne peut prendre sur lui d'accéder à cette demande, voudra bien s'interposer auprès de la République) ; 5° Interdiction du port d'armes dans la piève de Vico réservée aux contractants jusqu'à leur départ ; 6° Délai de quarante jours accordé aux contractants pour mettre l'ordre dans leurs affaires avant leur embarquement ; 7° Autorisation d'emmener avec eux un cheval par homme et plusieurs chiens ; 8° Remise de tous les arrérages fiscaux et délai de cinq ans pour libération de toute dette contractée ; 9° Mise en liberté de Francesco-Maria de Corte, de la femme et du fils de Paolo-Luigi de Bozzi, de Cristiano da Santo-Pietro et autres ; 10° Pardon de toutes les injures reçues ; 11° Permission aux soldats français de s'embarquer avec les nationaux.

XVIII

Nouvelle organisation. — Attributions du gouverneur. — Les « douze », les « six », l'« orateur ». — Violation des statuts. — La *vendetta*. — Etat social. — La noblesse .— Evolution
du commandement. — Etablissement des Grecs
en Corse (1).

(1571-1729)

Nouvelle organisation — Attributions du gouverneur — Les « douze » les « six », l' « orateur ».

— Le 7 décembre 1571, le sénat de Gênes promulgua un décret par lequel les statuts qui régissaient l'île, révisés par un conseil composé de deux Corses et de trois Génois (2), seraient en vigueur à partir du 1er février

---

1. ARCHIVES : Ajaccio, Série C. — aussi Archives municipales
— Gênes, Arch. di Stato, salle 63, *Corsica : Supplicationum, Di
versorum, Secretorum*, etc., *Feudorum* 840, *Græcorum* 933-935.
Statuti della isola di Corsica, publiés à Gênes en 1571, 1602,
1625.

SOURCES NARRATIVES : Filippini, ouv. cit. — Banchero *Annali*.

RECUEIL : Bosc. *Inventaire des Archives municipales d'Ajaccio.*

OUVRAGE : *Giustificazione della rizolutione di Corsica.*

2. Les deux Corses étaient le P. Antonio da San-Firenzo
et Antonio della Serra.

1572. D'après ce code, le gouverneur général, jouissait d'un pouvoir sans bornes. Là où il était, cessait toute autorité. Seul il possédait en Corse le droit *della spada* ou *di sangue*, c'est-à-dire qu'il avait plein pouvoir pour juger toutes causes criminelles. Il pouvait condamner à la corde, aux galères, au pilori, au fouet, sans aucune formalité ni preuve juridique, mais *ex informata conscientia*; il prononçait seul sur ce qui intéressait le commerce et accordait à son gré ou refusait tout droit d'importation ou d'exportation ; il disposait enfin des revenus publics et n'était obligé de rendre compte qu'en retournant à Gênes à l'expiration de son commandement.

Le gouverneur résidait à Bastia, un commissaire à Ajaccio, des lieutenants à Calvi. à Vico, à l'Algaiola et à la Rocca (Sartène) exerçaient l'autorité en son nom.

Le tribunal des *syndicateurs*, qui examinait la conduite de tous les fonctionnaires à l'expiration de leur mandat, fut maintenu.

Douze délégués du peuple dans l'En-deçà des Monts (nobles-douze) six dans l'Au-delà-des-Monts (nobles-six) étaient chargés d'exprimer les doléances des Corses et de défendre leurs droits. Chaque année ils envoyaient à Gênes un « orateur » exposer leurs requêtes devant le sénat.

Violation des statuts. — Malgré le pouvoir illimité dont était armé le gouverneur, l'observation des statuts pouvait garantir une tranquillité relative. Malheureusement, les fonctionnaires civils et religieux que Gênes envoie en Corse ne sont pas choisis parmi les plus dignes. Ce sont, pour la plupart, des gentilshommes ruinés que leur incapacité éloigne des grands postes de la république. On les expédie, suivant une expression moderne, « pour se refaire ». Tout pour eux devient une marchandise : privilèges, brevets d'officiers, droit de ports d'armes, justice, permis d'importation, même les lettres de grâce acquises quelquefois par un individu, *en prévision du crime qu'il n'a pas encore commis.*

En 1581, le gouverneur Andrea Cataneo demanda des réformes, et le conseil des « douze » s'y étant refusé, une série, de décrets violèrent tour à tour les statuts favorables aux Corses. Le premier (1581) interdisait les fonctions de garde à tout individu né, marié, ou habitant en Corse.

D'après un décret de 1585, promulgué

par Cattaneo Marini, aucun Corse ne peut exercer de fonctions judiciaires dans le lieu où il est né, dans celui où il a sa femme et dans tous ceux où il a des parents *de nationalité corse* jusqu'au quatrième degré. En 1588, Lorenzo Negroni déclare tout Corse impropre à exercer les fonctions de notaire ou de greffier. Enfin, un arrêt de 1612, empêche tout insulaire d'exercer une fonction, même infime, dans le lieu de sa naissance. Le même arrêt révoque les privilèges des grandes villes, qui fournissaient elles-mêmes leur capitaine de la milice. Deux ans après, le sénat décide que les « douze » n'enverront plus à Gênes l'orateur chargé de la défense de leurs intérêts. De nouveaux décrets excluent les Corses de la charge de collecteurs (1624) et des offices de vicaires et d'auditeurs (1634).

La Vendetta. — C'est à cette époque qu'il faut faire remonter l'origine de la *vendetta*, dont la seule cause fut l'absence absolue de justice sous le gouvernement génois. Effrayés des crimes, et des délits de tout ordre qui restaient impunis, les Corses eux-mêmes s'indignaient et réclamaient une répression sévère : « En Corse, dit Anton'Pietro Cirni, il y a des voleurs publics, des faux témoins, des notaires faussaires, des malfaiteurs de toutes sortes. Les maux de cette île se sont multipliés tellement que, de même que le mal français se soigne par le vif-argent, il faudrait employer contre cet état de choses les moyens les plus violents. »

Le nombre des crimes commis en Corse pendant cette douloureuse période est presque incroyable. On relève sur les registres de la république, en l'espace de trente-deux ans (de 1683 à 1715), 28.715 meurtres. On avait défendu les armes à feu ; mais cette mesure, purement fiscale, avait été établie par le gouverneur Passano (1588), qui imagina de vendre les autorisations de port d'armes ; trois ans après l'édit, sept mille fusils circulaient en Corse. De temps en temps, on opérait un désarmement ; mais c'était afin de revendre aussitôt les armes confisquées. Le même fusil fut, dit-on, revendu jusqu'à huit fois au même individu.

En 1714, un jésuite, le P. Murati, député à Gênes par les douze, obtint qu'il ne serait plus délivré aucun port d'armes, à condition qu'une redevance de deux *seini* (o fr. 4o) par feu indemniserait la république du tort que lui causait la suppression des patentes. Le nouveau gouverneur Pallavicini, chargé d'opérer le désarmement, ne rencontra dans sa tâche aucun obstacle, et la police de l'île parut prendre une voie meilleure ; malheureusement, de toutes les mesures prises, une seule survécut : l'impôt auquel les malheureux insulaires s'étaient volontairement soumis.

Etat social. — La noblesse. — Evolution du commandement. — Les grandes républiques italiennes, Gênes et Venise ne laissèrent jamais s'élever au niveau de leur patriciat (Gênes avait reconstitué le sien en 1528) la noblesse des villes ou des pays qui composaient leurs Etats. Systématiquement les Génois nivelèrent les castes en Corse, laissant aux chefs de clan de vains titres honorifiques et de maigres privilèges perpétuellement discutés.

Des fiefs cinarchesi, ceux d'Istria, d'Ornano et de Bozzi avaient seuls conservé un semblant d'existence ; mais morcelés par de nombreux partages, ils étaient pour leurs seigneurs d'un maigre revenu (1). L'auto-

---

1. En 1667, les seigneurs d'Istria, d'Ornano et de Bozzi sont au nombre de cinquante et un et comptent dans leurs fiefs

rité de ceux-ci est d'ailleurs illusoire : un *lieutenant des feudataires*, exerce bien la justice en leur nom ; mais il est désigné par le gouverneur.

Les maisons della Rocca et de Leca ne possèdent plus que des distinctions appellatives, le patronat de certaines églises et l'exemption des dîmes et de la taille. Cette dernière exemption est héréditaire dans une soixantaine de familles dont le « magistrat de Corse » se fait représenter les titres à chaque génération (1). Le privilège de paraître couverts devant le gouverneur leur fut enlevé en 1623.

Les seigneurs du Cap-Corse sont plus riches, du moins ceux qui ont conservé des intérêts à Gênes ; quant aux autres, leur accroissement les avait déjà jetés dans la misère à l'époque où écrivait Filippini à qui nous devons cette remarque.

En somme, la fragile barrière qui sépare les castes tend chaque jour à s'effacer davantage et, au xviii° siècle, un décret

---

environ 2.200 feux. Chaque feu payait annuellement une taille de quatorze sous, plus un boisseau de grain et une tête de bétail par troupeau.

1. En 1720, l'enquête fut générale. La plupart des familles exemptées représentèrent des lettres patentes antérieures à 1600.

suffira pour faire disparaître les derniers vestiges de la féodalité. Déjà les clans se forment autour d'individus que leur instruction surtout désigne à l'attention publique. Les patriotes Giacinto Paoli, Colonna-Ceccaldi, Gaffori, Limperani, Abbatucci sont des médecins ; Léoni, Costa, Marengo, Charles Bonaparte, Saliceti, Pozzo di Borgo sont des avocats.

Etablissement des Grecs en Corse. — De toute cette période, un seul événement mérite d'être mentionné. C'est l'établissement en Corse d'une colonie grecque. En 1676, 744 Maïnotes dans le but de se soustraire à la domination turque obtinrent de la république la permission de se fixer dans les domaines de Paomia, Revida et Salogna, sur la côte occidentale de l'île. De leur côté, les Grecs devaient reconnaître la souveraineté de la république et s'engageaient à lui être fidèles. Au commencement du XVIIIe siècle, la petite colonie était florissante ; mais, en 1729, les Grecs ayant refusé de faire cause commune avec les insulaires, virent leurs campagnes dévastées et furent contraints d'abandonner leurs maisons. Sur le conseil du gouverneur génois, ils se retirèrent à Ajaccio.

XIX

Causes premières de la révolte. — Commencement
des hostilités. — Intervention de l'évêque
d'Aleria, — Consulte générale. — Election des
généraux Colonna-Ceccaldi et Giafferi.—Assemblée des théologiens qui déclarent la guerre légitime.—Gênes demande des secours à l'empereur
d'Autriche. —Echec des impériaux. — Congrès
de Corte. — Traité de paix. — Arrestation arbitraire des généraux Corses. — Intervention de
l'empereur. — Règlement des comptes entre
Gênes et l'empereur. —Arrestation des Giaval-
dini. —Nouvelle révolte. — Giacinto Paoli et
Giafferi généraux du peuple. —Arrivée de Théodore.— Il est élu roi de Corse. — Ses réformes,
ses succès. — Il quitte la Corse après avoir
formé un conseil de régence. (1)

(1729-1736)

Causes premières de la révolte. —

---

1. ARCHIVES : Gênes, salle 63 (sources indiquées aux chapi-
tres précédents) et filze de 421 à 427. — *Arch. segreto*, filze
2117, 18, 19. — Ajaccio, série C.

SOURCES NARRATIVES : Rostini, *Mémoires.* (An.) *Histoire des
révolutions de l'île de Corse et de l'élévation de Théodore.*— But-
tafoco. *Ragguagli degli ultimi tumulti seguiti nell'isola di Corsica.*
— Natali, *Disinganno intorno alla guerra di Corsica.* — (An.)
Riposta ad un libello intitolato : Disinganno, etc. — Mariotti,
Journal de la campagne du baron de Vachtendonck en Corse. —

Commencement des hostilités. — Intervention de l'évêque d'Aleria. —
« L'événement le moins intéressant, dit Pommereul, la cause la plus légère qui, dans d'autres pays ou en d'autres circonstances, n'aurait que l'emprisonnement d'un homme, la saisie et la vente de ses meubles, a enfanté en Corse quarante années de guerres, de crimes et d'infortunes. » Un vieillard de Bustanica, Lanfranchi, dit Cardone, en payant l'impôt des *deux seini*, se vit refuser sa contribution par le collecteur d'impôts, sous prétexte qu'une pièce de deux liards, appelée *moneta di otto*, était de mauvais aloi. Cardone invoquant sa pauvreté, se déclare incapable de la remplacer et le prie « d'avoir égard à sa misère ».

Le collecteur, accoutumé aux scènes de ce genre et peu sensible de son naturel déclare qu'il lui donne jusqu'au lendemain pour compléter la somme, et que s'il n'est

---

Mémoires sur l'expédition des troupes allemandes en 1731-1733, (Ces deux derniers mémoires dans le *Bulletin de la Société des Sciences historiques de la Corse,* 1884 et 1890.)

Recueil : *Codice diplomatico d'Italia.*

Ouvrages : *Giustificazione della rivoluzione di Corsica. —* Gerba, *Die Kämpfe der Kaiserlichen in Sicilien und Corsica* Jollivet. *Un roi de Corse au* xviiie *siècle.*

pas satisfait, il trouvera bien le moyen de se faire payer. Cardone se retire indigné et désespéré, et se plaint hautement de ce que « la république exigeait cette taxe d'onze sols, qu'on n'était convenu de payer que pendant dix ans ; de ce qu'on avait l'injustice de la percevoir, quoique les armes à feu n'eussent pas été prohibées aussi sévèrement qu'on l'avait promis, puisque beaucoup de malfaiteurs en portaient publiquement sans qu'on cherchât à en faire justice, que les exactions des gouverneurs étaient chaque jour plus nombreuses et qu'elles ne pouvaient qu'augmenter encore ». Le résultat de ce discours fut que le lendemain les voisins de Cardone, qui n'avaient pas encore payé leur impôt, furent d'accord pour le refuser au collecteur. Peu auparavant, un soldat corse fut condamné pour un faible délit au supplice du cheval de bois. Les quolibets des assistants échauffèrent ses camarades et une rixe s'en suivit, qui coûta la vie à plusieurs Génois et à la suite de laquelle plusieurs Corses furent pendus. L'indignation de Cardone donna le signal de la révolte. Cent hommes envoyés par le gouverneur Félix Pinelli dans le Bozzio sont désarmés par les habitants (27 janv. 1730). Les Corses s'emparent du fort d'Aleria, et au nombre d'environ cinq mille, vont dresser leur camp sous les murs de Bastia. Pinelli, voulant gagner du temps, obtint par l'intermédiaire de l'évêque d'Aleria une trêve de trente jours. Les Corses rentrent dans leurs villages ; mais bientôt voyant que la république se prépare sérieusement à la guerre, ils se lèvent en masse et marchent sur Bastia. L'arrivée de Geronimo Veneroso, qui était populaire en Corse, retarda la révolte mais ne la conjura pas. En vain Veneroso publia-t-il une amnistie générale, en vain accorda-t-il toutes les réformes qui lui furent demandées ; les négociations se brisèrent sur une déclaration du gouverneur qui rendait toutes ces concessions illusoires, puisqu'il ne répondait pas de la ratification du traité par le sénat. Aussitôt Pompiliani convoqua le peuple en consulte général à San-Pancrazio-di-Bigulia, et Veneroso, comprenant que sa mission était terminée, demanda son rappel.

Consulte générale. — Election des généraux Colonna-Ceccaldi et Giafferi. — Assemblée des théologiens qui dé-

clarent la guerre légitime. — Le sénat envoya alors en Corse Francesco Gropallo et Camillo Doria, avec ordre de ne reculer devant aucune mesure pour assurer la soumission des révoltés. Les nationaux bloquèrent Bastia, où résidaient les gouverneurs. Surpris et inquiets, ceux-ci dépêchèrent aux assiégeants l'évêque d'Aleria, qui promit aux Corses tout ce qu'ils voulurent. Naturellement ces promesses ne furent pas ratifiées par Gropallo et Doria, qui fortifièrent Monseratto et Furiani, et détachèrent quelques bataillons pour surprendre Corte. Mais ces troupes, prises en flanc à Vivario par les paysans corses, furent désarmées et chassées vers Bastia.

L'assemblée générale provoquée par Pompiliani se réunit enfin à San-Pancrazio. Les Corses y élurent comme généraux Andrea Colonna-Ceccaldi et Luiggi Giafferi qui s'adjoignirent l'abbé Raffaelli. Celui-ci jouissait d'une grande influence sur le clergé.

Avant de se mettre en campagne, Giafferi et Ceccaldi envoyèrent à Gropallo deux ecclésiastiques pour lui exprimer les griefs des Corses et lui demander s'il était disposé à leur donner satisfaction. Le gouverneur ayant déclaré qu'il ne traiterait pas avec des rebelles, les nationaux s'emparèrent des places fortes avoisinant Bastia et envahirent Terra-Vecchia. Ces succès donnèrent à réfléchir à Gropallo, qui pria de nouveau l'évêque d'Aleria de lui servir de médiateur. A des conditions humiliantes (1) pour les gouverneurs, l'évêque obtint une trêve de quatre mois (décembre 1730) qui fut employée de part et d'autre à se préparer à combattre.

Au mois de février 1731, une consulte générale tenue à Corte, décidait la guerre. Des deux côtés des monts, cette décision fut accueillie avec enthousiasme. Pour vaincre les scrupules des habitants du Nebbio et de la Balagne qui ne semblaient pas se décider à abandonner la neutralité, on convoqua à Orezza une assemblée de théologiens corses qui déclarèrent que la guerre

---

1. Ces conditions étaient les suivantes :

1° Pendant l'armistice, il sera permis à tout Corse d'entrer armé dans dans n'importe quelle ville ou lieu occupé par les Génois, à l'exception toutefois de Bastia.

2° On rétablira la vente du sel, qui a été prohibée.

3° Les ports de mer seront librement ouverts aux bâtiments appartenant aux nationaux ou travaillant pour leur compte.

4° La république ne pourra faire aucune réparation ni augmentation à ses fortifications dans l'île.

5° Les prisons seront ouvertes à tous les nationaux qui y sont renfermés.

était légitime, et que l'odieuse conduite des Génois libérait tous les insulaires de leur serment de fidélité. Le chanoine Orticoni fut chargé d'aller solliciter l'appui des puissances étrangères.

Gênes demande des secours à l'empereur d'Autriche. — Echec des impériaux.—Congrès de Corte.— Traité de paix. — Gênes ne pouvant se maintenir en Corse, sollicita l'appui de l'empereur d'Autriche, Charles VI, « le seul des souverains de l'Europe qui, dépourvu de toute puissance maritime, ne serait pas tenté de rendre définitive l'occupation de l'île par ses troupes ». Gênes s'étant engagé à subvenir à tous les frais de guerre et à payer une indemnité fixe pour chaque soldat prisonnier ou déserteur. Charles VI mit 8.000 hommes à la disposition de la république qui en envoya 4.000 en Corse sous les ordres des généraux de Wachtendock, Valestein et Ristori (1). Malgré leur respect pour l'empereur, les Corses, après avoir exprimé leur regret de combattre contre lui, décidèrent qu'ils ne pouvaient se laisser

---

1. Ce général, d'origine corse, était au service de la république.

attaquer impunément et appelèrent la nation aux armes.

Camillo Doria était revenu en Corse, et mettait les villages à feu et à sang, Wachtendock marchait sur la Balagne. Au lieu de les attaquer en rase campagne, les Corses se contentaient de harceler les ennemis de la montagne. Wachtendock, dépourvu de vivres et de munitions, signa une trêve de deux mois et se fit envoyer les 4.000 hommes de réserve qui attendaient à Gênes ; dans une lettre qu'il écrivait à la même époque au comte Daun, gouverneur de Milan pour l'empereur, il exprimait ses inquiétudes sur l'issue de la campagne, « ayant à combattre, disait-il, des hommes qui ne connaissaient pas la peur ».

Les Corses comptaient sur le secours du roi d'Espagne. Ils avaient arboré à Corte et à San-Firenzo la bannière d'Aragon. A Calenzana, Camillo Doria fut battu et forcé de se retirer vers Calvi. L'empereur envoya encore 4.000 hommes, commandés par le prince de Wurtemberg. Ce dernier voyant ses troupes décimées par la guerre de montagnes à laquelle les Allemands n'étaient pas habitués, fit savoir aux Corses que l'empereur était favorablement disposé à leur égard. Giafferi et Ceccaldi, de leur côté, déclarèrent être prêts à se soumettre aux volontés de sa Majesté.

Le 10 mai, un congrès s'ouvrit à Corte ; les représentants de la Corse étaient Andrea Colonna Ceccaldi, Luiggi Giafferi, Simone Raffaelli, l'abbé Aitelli, Carlo Alessandrini, et Evarista Piccioli ; ceux de la république : Camillo Doria, Francesco Grimaldi et Paolo Baista Rivarola ; ceux de l'empire : les princes de Wurtemberg, de Culembach et de Waldeck, le baron de Wachtendock et le comte de Ligneville.

Le 11 mai, la paix était signée aux conditions suivantes : 1° Amnistie générale ; 2° Renonciation aux impôts échus pendant la guerre ; 3° Reconnaissance d'un ordre de noblesse ; 4° Possibilité pour les Corses d'obtenir toutes les dignités religieuses ; 5° Liberté d'instruction et droit d'ouvrir des collèges ; 6° Droit de défense pour les accusés ; 7° Rétablissement des conseils des « douze » et des « six » ainsi que l'« orateur » ; 8° Exemption d'impôts pour l'industrie de la soie.

Arrestation arbitraire des généraux corses. — Intervention de l'empereur. Règlement entre Gênes et

l'Empire. — Tout semblait terminé, lorsque le 1er juin suivant, au mépris de la paix signée, le gouverneur génois fit arrêter Ceccaldi, Giafferi, Aitelli et Raffaelli, qui furent envoyés aussitôt dans les prisons de Gênes. Mais dès que Charles VI fut informé de cette mesure, il exigea la mise en liberté des chefs corses. Ceux-ci se montrèrent reconnaissants au prince Eugène de Savoie, dont l'intervention chaleureuse avait contribué à l'heureuse issue de cet événement. On les fit aussitôt sortir de prison et on se contenta, après jugement, de leur interdire le séjour de la Corse. Ceccaldi prit du service en Espagne. Les Génois essayèrent de retenir et de s'attacher Giafferi, dont le caractère entreprenant leur donnait des inquiétudes ; mais celui-ci repoussa leurs offres et partit pour Livourne où s'était retiré Aitelli. Restait pour Gênes à régler ses comptes avec l'empereur : la république se vit alors présenter la facture suivante :

1.437	fantassins à	34	florins	48.858 fl.
1	dragon	53	»	53
42	hussards	30	»	1.260
1.480	hommes.			

15	chevaux de dragons à 70 fl.	1.050 fl.
122	chevaux de hussards à 50 »	6.100
137	chevaux Total.	57.321 fl.

Avec les frais d'entretien des troupes allemandes la note payée par la république s'éleva à 1.183.206 livres, 9 sous et 3 deniers.

Arrestation des Ciavaldini. — Nouvelle révolte. — Giacinto Paoli et Giafferi généraux du peuple. — La Corse en blocus. — En janvier 1734, plusieurs membres de la famille Ciavaldini furent arbitrairement emprisonnés ; c'était plus qu'il n'en fallait pour ranimer le feu de la révolte, que la république crut étouffer facilement par l'emploi des moyens violents. Elle fit fausse route ; l'exaspération des Corses était à son comble. Giacinto Paoli, de Morosaglia et Jacopo Castineta, de Rostino prirent alors les armes. Le premier détachement que le gouverneur Pallavicini envoya contre eux fut taillé en pièces à Rostino, et l'officier qui le commandait, fut fait prisonnier avec deux cents des siens. Pendant ce temps, Giafferi et Aitelli entraient en Corse ; le premier s'empara de Corte, et remplaça la bannière de

Gênes par celle du roi d'Espagne, à qui la Corse fut offerte. Orticoni, Seta, Ciavaldini, Fabiani et Rivarola furent députés à Philippe V qui, craignant de se susciter des embarras, protesta de son affection et de sa bienveillance pour les Corses, mais déclara qu'il ne pouvait accepter. Au mois de janvier 1735, Giafferi et Paoli, élus généraux du peuple, convoquèrent à Corte une consulte générale, où une nouvelle constitution, rédigée par Sebastiano Costa, fut votée. La Corse y fut déclarée indépendante et à jamais séparée de la république (30 janvier). De ce jour, les nationaux firent broder sur leurs drapeaux l'image de l'Immaculée-Conception, sous la protection de laquelle fut placé le royaume.

Ceccaldi était revenu en Corse. De son côté, Gênes avait envoyé tour à tour Pinelli et Rivarola, l'un le plus féroce, l'autre le plus vaillant de ses citoyens. Ce dernier, au moyen de croisières autour de l'île interceptait les communications avec l'étranger. La situation était critique et la consternation générale. Deux bricks anglais bien armés débarquant à l'Isola-Rossa des vivres et des munitions envoyés par de mystérieux bienfaiteurs, rendirent aux

Corses un espoir momentané. Ils s'emparèrent d'Aléria et y prirent quatre canons ; mais leurs tentatives sur Bastia et Calvi furent interrompues, la poudre et les munitions commençant à leur manquer.

Arrivée de Théodore. — Tout espoir de liberté semblait à jamais perdu pour les Corses, lorsque d'un bâtiment anglais entré dans le port d'Aleria le 12 mars 1736, descendit un seigneur, dont le costume semi-oriental, semi-européen, produisit sur les habitants de la ville une grande impression. Il avait une suite de seize personnes, un officier, qui prenait le titre de lieutenant colonel, un maître-d'hôtel, un majordome, un chapelain, un cuisinier, trois esclaves maures et huit autres domestiques. Ce personnage, aux airs de grandeur imposants, aux allures mystérieuses, était le baron Théodore de Neuhof.

Né à Metz (Lorraine), Théodore était fils d'un gentilhomme du comte de la Marck, en Westphalie, qu'une mésalliance avait forcé de quitter son pays et à venir prendre du service en France. Orphelin dès l'enfance, Théodore fut attaché en qualité de page à la maison de la duchesse d'Orléans, qui lui fit obtenir, lorsqu'il en eut l'âge, une lieutenance au régiment d'Alsace. Son caractère aventureux lui fit abandonner sa carrière et le conduisit en Suède, où il trouva un protecteur dans la personne du baron de Gœrtz qui l'employa dans ses négociations à la cour d'Espagne. Tour à tour ami du cardinal Alberoni, du banquier Law, il n'avait pas su mettre à profit les hautes protections dont il avait été l'objet. Après avoir effleuré les grandeurs qu'il convoitait et végété tout près de la misère, après avoir cherché dans toute l'Europe une situation qui fût en rapport avec la valeur dont il se jugeait doué, Neuhof, abattu, mais non découragé, fit la connaissance d'un religieux corse, qui l'informa de la situation de son pays. Aussitôt un horizon s'entr'ouvre à l'aventurier ; il comprend qu'il a entre les mains de nouveaux éléments de grandeur, et sans tarder il se fait mettre en rapport avec ceux des insulaires qui venaient protester contre la détention de leurs chefs arbitrairement arrêtés le 1er juin 1732. Théodore, *qui avait assez la parole à la main*, laisse entrevoir qu'il est homme d'importance, s'engage à user de ses grandes relations en faveur des prisonniers, s'exprime en homme qui ne doute pas du succès et prend rendez-vous pour Livourne avec le chanoine Orticoni, chargé par les Corses de leurs négociations diplomatiques. Là il voit les principaux de l'île et leur fait habilement comprendre qu'un homme qui posséderait certains appuis dans les cours d'Europe, qui aurait pratiqué en tous lieux le métier de la guerre et qui connaîtrait les dédales de la diplomatie, pourrait non seulement délivrer la Corse des Génois, mais assurer à jamais son indépendance. Pour finir, il se fait fort d'obtenir ce résultat si on lui assure la souveraineté de l'île. Soit hasard, soit que Neuhof eût conservé réellement quelques protections, Giafferi, Ceccaldi, Raffaelli et Aitelli furent délivrés dans le temps prescrit par l'aventurier. Cet événement augmenta la confiance que l'on avait en lui ; on lui promit tout ce qu'il voulut.

Théodore élu roi de Corse ; ses réformes, ses succès. — Aussitôt, Théodore n'a plus qu'un but la conquête de son royaume, et une idée fixe : réunir de l'argent, des armes et des munitions de toutes sortes. Il parcourt l'Europe, acceptant les dons en toute nature qui lui sont faits. Un chirurgien liégeois de Rome lui prête 125 livres, un juif de Livourne, 4.000. Théodore ne méprise rien : des uns il sollicite leur participation à une grande œuvre philanthropique et libérale ; aux autres, il semble faire la grâce de les mettre dans une affaire qui donnera de gros bénéfices. Secondé par Ragotki et par le comte de Bonneval, il obtint de la Porte quelques secours ; mais les jugeant à bon droit insuffisants, il fit entrevoir au bey de Tunis qu'il pouvait lui assurer la possession de la Corse et il en reçut des subsides plus importants. Enfin, en 1736, Neuhof jugeant qu'il peut se présenter à son peuple d'une façon décente, prend terre à Aleria. Dans une assemblée générale, réunie à Alesani, Neuhof fut proclamé roi de Corse, sous le nom de Théodore Ier. Il nomma Giafferi et Giacinto Paoli ses premiers ministres, Saverio Matra devint grand maréchal du palais, Arrighi inspecteur général des troupes royales, Costa grand chancelier du royaume, et Gaffori secrétaire de Sa Majesté (1).

---

1. Constitution du royaume de Corse (1736) :

1º La nation reconnaît pour son roi le baron Théodore de Neuhof. La couronne doit appartenir à ses descendants, garçons ou filles, et à leur défaut au parent qu'il désignera.

2º Dans le cas d'extinction, la nation recouvrera ses droits à la nomination d'un autre roi ou à la formation d'un gouvernement qui lui conviendra.

Il distribua à profusion les charges, les titres et les honneurs mais il fit aussi d'u-

---

3° Le roi et ses successeurs exerceront dans sa plénitude l'autorité royale sous les conditions suivantes :

4° Il sera établi une diète de vingt-quatre membres les plus notables ; seize seront du Deçà-des-Monts, huit du Delà. Trois membres de la diète résideront toujours à la cour. Le roi ne pourra, sans leur consentement, rien décider en matière d'impôts ou de gabelles, ni en matière de paix et de guerre.

5° Les dignités, charges et emplois de toute sorte appartiendront aux nationaux à l'exclusion de tout étranger.

6° Dès que la constitution sera publiée, tous les Génois qui habitent le royaume en seront chassés. La paix étant rétablie, il ne pourra y avoir dans le royaume d'autres troupes que les troupes corses, excepté celles qui forment la garde du roi et qu'il peut choisir comme il l'entend.

7° Il est défendu à tout Génois quel qu'il soit de séjourner ou de s'établir dans le royaume, et le roi lui-même ne peut lui en donner l'autorisation.

8° Les produits bruts ou industriels du pays ne seront soumis à aucun droit de sortie.

9° Tous les biens des Génois et des rebelles à la patrie, comme aussi ceux des Grecs établis à Paomia seront confisqués.

10° Les contributions annuelles ne devront pas dépasser trois livres de monnaie courante pour chaque père de famille. Les demi-tailles et les impositions payées par les veuves seront abolies.

Le sel que le roi fournira au peuple ne pourra être vendu au delà de treize sous et demi de monnaie courante la mesure de vingt-deux livres.

11° Les villes du royaume conserveront leurs privilèges pour ce qui regarde l'économie de leurs vivres.

12° Il sera créé dans l'une des villes du royaume une université pour l'étude de la philosophie et des lois.

13° Le roi pour donner plus d'éclat et de gloire au royaume y créera un ordre de noblesse composé des hommes les plus considérables de l'île.

14° Tous les bois et toutes les campagnes demeureront la propriété des habitants, comme ils l'ont été par le passé et comme ils le sont présentement, de manière qu'il n'y ait d'autres droits que ceux qu'y avait la république.

'iles réformes. Il proclama la liberté de conscience et appela de Barbarie et de Morée des Juifs et des Grecs, qui apportèrent en Corse leur industrie et leur argent; il organisa et disciplina l'armée. Les résultats furent immédiats. Il s'empara de Porto-Vecchio et de Sartène (avril 1736) et se présenta, le 3 mai, devant Bastia ; pendant ce temps, ses lieutenants attaquaient simultanément les villes génoises du littoral. Alors Gênes eut recours à un moyen odieux elle fit appel au rebut de la société, et, ayant réuni tout ce que la Corse contenait de bandits, de galériens, d'assassins, elle déchaîna quinze cents misérables qui commirent dans toute l'île de monstrueuses atrocités (1).

Moralement, la république n'épargna aucun moyen pour abattre Théodore ; dès son arrivée, elle avait publié des manifestes, dans lesquels elle le représentait comme un homme taré, criblé de dettes, sans honneur ainsi que sans patrie. Théodore répondit en véritable roi, mais, dit Gregorovius, avec une rudesse et un esprit tout

---

1. On les appelait *vittoli* du nom du compagnon de Sampiero (Vittolo, dont la trahison avait causé la mort du chef corse.)

à fait germaniques. Sans se laisser abattre, il travailla à relever la nation. Il fit frapper à son effigie des pièces d'or, d'argent et de cuivre. Il s'efforça de transformer les villes en centres d'industries, il y établit des tanneries et des fabriques d'armes, il encouragea l'exploitation des salines. En un mot, l'aventurier prouva que le hasard seul n'avait pas fait de lui un souverain.

Théodore quitte la Corse après avoir formé un conseil de régence. — Mais les munitions manquaient, Théodore en était réduit à armer ses soldats de seringues avec lesquelles ils projetaient de l'eau forte sur le visage des ennemis pour les aveugler. On commençait à murmurer, le roi convoqua le 2 septembre 1736, une consulte dans laquelle il déclara que si dans le délai de deux mois ses promesses n'étaient pas réalisées, il se démettrait de son titre. Il se rendit ensuite dans l'Au-delà-des-Monts, où il reçut un accueil enthousiaste. Puis, assuré de la fidélité des habitants, il revint dans le centre de l'île, où le nombre des mécontents grossissait toujours. Faisant de nécessité vertu, Théodore réunit à Sartène (septembre 1736) les hauts fonctionnaires civils et militaires de son royaume, leur déclara que sa présence dans les pays dont il attendait des secours était indispensable, et après leur avoir fait prêter serment de fidélité, il partit pour Livourne sur un bâtiment français. Il avait formé un conseil de régence, composé de Giacinto Paoli, Luiggi Giafferi et Luca d'Ornano et avait assuré le commandement de chaque province.

XX

Régence de Giacinto Paoli, Giafferi et Ornano.
— Gênes s'adresse à la France. — Premier débarquement des troupes françaises. — Les
Vêpres Corses. — Proclamation de M. de Maillebois. — Campagne des Français. — Pacification de l'île. — Reprise des hostilités. — Apparition de Théodore. — Gaffori, Venturi et
Matra élus protecteurs. — Intervention française. — Le roi de Sardaigne appuie la révolte
des Corses.—Administration de M. de Cursay.
— Gaffori élu général. — Sa mort. — Evacuation de la Corse par les Génois (1).

(1737-1755)

**Régence de Paoli, Giafferi et Or-
nano. —** Gênes vit dans le départ de
Théodore la ruine des espérances des patriotes ; mais les régents, loin de se décou-
rager, continuaient la guerre avec une

---

1. ARCHIVES : Gênes, salle 63 (sources indiquées au chapitre
précédent) et filze de 421 à 427. Archiv. segreto, filze 2120,21,
22, 23. — *Lettere dei ministri di Francia* de 2177 à 2272.

SOURCES NARRATIVES : Rostini, *Mémoires*. — (Anon) *Description de la Corse et relation de la dernière guerre* (1743). —

nouvelle ardeur. Castineta ravageait les domaines des partisans de la république. Le gouverneur Rivarola consentit à parlementer, mais on ne put s'entendre. Dans une assemblée, réunie à Corte le 21 janvier 1737, les Corses décidèrent que, fidèles à leur souverain, ils devaient, plutôt que d'accepter aucun autre maître, « verser jusqu'à la dernière goutte du sang national. »

La république répondit à cette déclaration en mettant à prix la tête de Théodore et celles de ses compagnons Costa et Durazzo-Fozzani. Les Génois commencèrent à détruire les villages et à en massacrer tous les habitants, hommes, femmes et enfants. Luca d'Ornano envoya alors au gouverneur Mari, qui avait succédé à Rivarola, une lettre dans laquelle il lui annonçait que la conduite des nationaux

Giustificazione della revoluzione... — Jaussin, *Mémoires historiques, militaires et politiques sur les principaux événements arrivés dans l'isle et royaume de Corse* (1738-1741). — *Correspondance de M. de Fontette.* ms. de la Bibl. de Dijon. — Accinelli, *Memorie istorico-politiche del regno di Corsica.* — Ms. de la bibl. des Missions Urbaines (Gênes).

Ouvrages : Général Pajol, *Les guerres sous Louis xv.* — Rossi, *Histoire de la Corse,* publiée en partie dans le *Bull. des sciences hist. de la Corse.* — Limperani, *Historia della Corsica.*

aurait pour guide celle des Génois. Ce fut dans l'île, de part et d'autre, d'affreux massacres. Gênes grâcia tous les condamnés par contumace qui voulaient se rendre en Corse pour y combattre. Cette mesure infâme fut plus utile que nuisible à la cause des patriotes, car elle fit naître l'indiscipline dans les troupes génoises et mécontenta les Suisses, honteux d'avoir le rebut de la société pour compagnons d'armes. Mari envoya seize cents hommes dans l'Au-delà-des-Monts pour le ravager ; mais ces troupes furent taillées en pièces par Luca d'Ornano et le curé de Zicavo dès leur débarquement.

Gênes s'adresse à la France. — Premier débarquement des troupes françaises. — Les Vêpres Corses. — La république était épuisée, elle n'avait plus ni soldats, ni confiance dans les mercenaires étrangers. Brignole Sale, ambassadeur de la république, s'adressa enfin au roi Louis XV, et un traité fut conclu le 27 juillet 1737, par lequel la France envoyait un corps de troupes en Corse dans un intérêt commun de pacification ; mais ces troupes ne dépendaient en rien du gouvernement génois qui, de son côté,

devait leur fournir logement et subsistance.
De plus, Gênes s'engageait à payer à la
France une indemnité de deux millions.
Un article secret du traité, ajouté le 10 octobre suivant, insistait sur ce point que
l'occupation de la Corse par les troupes
françaises, ne saurait créer aucun droit
pour le roi de France de s'occuper de l'administration, économique ou judiciaire,
dans l'île et aucun précédent pour y exercer son autorité. Précaution que les ministres français surent rendre inutile.

Le comte de Boissieux, maréchal de
camp, arriva en Corse le 8 février 1738 ;
aussitôt, Giafferi et Paoli lui firent tenir
des lettres, dans lesquelles ils rappelaient
que, toujours respectueux du roi de France,
les Corses lui avaient autrefois offert la
souveraineté de leur pays et que leur désir était de vivre en bonne intelligence
avec les Français, pourvu que ceux-ci ne
cherchassent pas à rétablir dans l'île le
pouvoir des Génois. Pour preuve de cette
soumission, le roi exigea des otages : on
envoya en France les premiers citoyens de
l'île, Ant. Colonna Bozzi, Buttafuoco,
Costa, Matra, Giuliani, Gallone, etc., et
l'on continua les négociations.

Mais déjà, sous l'influence de Mari, M. de Boissieux considérait les Corses d'un œil moins favorable ; le baron de Drost, neveu de Théodore, débarqué à Aleria, annonçait le retour du roi, et le général soupçonnait Paoli et Giafferi de soulever la nation contre les troupes françaises en faveur de Neuhof. Ce dernier ne recevant pas l'accueil qu'il attendait de ses partisans, quitta son royaume et se réfugia à Naples.

A la fin d'octobre, le comte de Boissieux publia un édit de pacification, contresigné par le secrétaire d'Etat Amelot, au nom du roi de France, et le prince de Lichtenstein au nom de l'empereur. Peu après, il fit occuper Borgo par ses troupes avant d'avoir reçu l'assentiment des Corses réunis en consulte. Ceux-ci étaient disposés à obéir au roi ; mais ce manque de convenance les irrita. Les insulaires assiégèrent Borgo, et délogèrent les Français, malgré les deux mille hommes conduits par M. de Boissieux, qui était accouru en personne au secours de la place.

Cette défaite des Français à laquelle les insulaires donnèrent le nom de *Vêpres Corses* stupéfia le cabinet de Versailles et enhardit les Corses. M. de Boissieux fut aussitôt rappelé et remplacé par le marquis de Maillebois ; il était malade lorsqu'il apprit sa disgrâce et n'y survécut pas. Le 2 février 1739, il mourait à Bastia après avoir signifié à Gaffori, à Orticoni et à Cuttoli leur départ de l'île. Ceux-ci, de leur côté avaient déclaré au nom du peuple assemblé à Tavagna le 16 janvier 1739, qu'ils resteraient fidèles au roi Théodore.

Proclamation de M. de Maillebois. — Campagne des Français. — Pacification de l'île. — M. de Maillebois débarqué à Calvi le 21 mars 1739 commença par explorer l'île et acquit la certitude que les insulaires se préparaient à la guerre ; avant de commencer les hostilités, le général français publia une proclamation.

« Sa Majesté disait-il, nous a ordonné de faire connaître pour la dernière fois qu'elle n'a d'autre vue que le bonheur et la tranquillité du pays, et de déclarer derechef qu'elle se rend formellement garante et en son nom de l'exécution de tous les articles qui ont été ou qui seront réglés par elle pour la pacification de l'île ; et en conséquence nous exhortons tous les habitants de prévenir par une prompte obéissance les malheurs dont ils sont menacés, faisant savoir que dans le délai de quinze jours à compter de la date du présent avertissement, nous recevrons sous la protection du roi toutes les communautés et tous les particuliers qui viendront se soumettre à l'équité de Sa Majesté ; mais que passé ce temps, nous agirons par la force et suivant les rigueurs de la guerre contre ceux qui persisteront dans la révolte. »

Cette proclamation ne produisit que des résultats insignifiants. Le 2 juin, la campagne commençait ; l'armée française, divisée en deux corps, était commandée par MM. de Rousset et du Chatel. La lutte dura cinq semaines avec acharnement. Le 10 juillet, Giacinto Paoli, Giafferi et Luca d'Ornano quittaient la Corse et partaient pour Naples ; toute la partie septentrionale de l'île était au pouvoir des Français. Dans l'Au-delà-des-Monts, le baron de Drost, le curé de Zicavo et Alfonso Peretti, luttèrent encore quelque temps.

Si rapide qu'eût été la victoire, elle avait coûté cher aux Français : les troupes étaient épuisées et considérablement réduites. « Les Corses, dit le général Pajol, avaient bravement lutté ; s'ils succombèrent il faut rendre hommage à leur bravoure et à leur énergie. Il est difficile de pousser plus loin l'héroïsme dans les combats qu'ils livrèrent presque toujours en forces infèrieures à un ennemi brave aussi et des plus disciplinés. Vaincus dans les rencontres, les Corses ne furent pas domptés ; on dut les traquer dans les montagnes, et la famine seule triompha de leur obstination à ne pas subir la loi du vainqueur. »

M. de Maillebois usa sagement de sa victoire et s'appliqua à ramener la concorde entre la république et les insulaires ; à plusieurs reprises, il fit au gouverneur Mari de justes observations sur sa conduite : « Si vous voulez les détruire (les Corses), lui écrivait-il, les armes du roi ne sont point faites pour cet usage, et assurément, je ne ferai pas massacrer de sang-froid ceux qui auront recours à sa protection et à sa garantie, ainsi qu'il m'a chargé de les en assurer. » Quand la guerre fut terminée, le général français prit en main la direction des affaires de l'île et gagna les sympathies des Corses par sa modération et son équité. Il leva un régiment spécialement composé d'insulaires auquel on donna le nom de Royal-Corse

Au mois de février 1741, M. de Maillebois, félicité par le ministre, recevait du roi le bâton de maréchal de France. Au mois de mai il quittait la Corse avec M. de Contades, n'y laissant que quinze cents hommes sous les ordres de M. de Ville-meur (1). Celui-ci rentra d'ailleurs en France peu après.

Reprise des hostilités. — Apparition de Théodore. — Gaffori, Venturini et Matra élus protecteurs. — A peine les Français avaient-ils quitté la Corse que le gouverneur Spinola expédia dans toutes les pièves des soldats chargés de lever de gré ou de force l'impôt des *due seni ;* c'était vouloir recommencer les hostilités. Un premier soulèvement ayant eu lieu à Croce d'Ampugnani, il consentit, pour gagner du temps, à parlementer ; cette situation dura un an. Au mois de janvier 1743, Théodore, venant d'Angleterre, débarqua à Isola-Rossa avec des armes et quelques minutions ; peut-être eût-il trouvé les Corses disposés à embrasser de nouveau sa cause s'il n'eût commis la maladresse de traiter de rebelles, dans une proclamation, ceux qui jouissaient de la confiance du

---

1. Général Pajol, *Les guerres sous Louis XV.*

peuple : Paoli, Giafferi, Orticoni et Salvini. Aussi ne reçut-il de ses sujets qu'un accueil très froid et, à l'annonce qu'il fit de secours importants, lui répondit-on que l'on avait besoin d'actes et non de promesses. Le roi dépossédé, après avoir tenté en vain d'employer la force en bombardant Ajaccio, quitta l'île et partit pour Livourne (1).

L'arrivée de Théodore avait inquiété la république, et l'ordre avait été donné aux troupes génoises de se replier sur Bastia. En exécutant ce mouvement, ils abandonnèrent Corte, dont les Corses s'emparèrent aussitôt. Un nouveau gouverneur, Giustiniani, ayant montré plus d'humanité et de justice, on vécut en paix pendant trois ans ; mais, en 1745, des dissensions intestines s'élevèrent, des haines de famille à famille, de village à village troublant la tranquillité, les Corses, d'un commun accord, élurent trois *protecteurs* chargés de ramener la concorde. Ce furent l'abbé Venturini, Gaffori et Alerio Matra.

---

1. De là il retourna à Londres où ses créanciers le firent jeter en prison. Il y resta trois ans et en sortit en vertu d'un acte d'insolvabilité. La misère profonde dans laquelle il se trouvait émut Horace Walpole qui ouvrit en sa faveur une souscription du produit de laquelle il vécut jusqu'au 11 décembre 1756.

Un officier corse au service de la Sardaigne, Domenico Rivarola, persuada à Charles-Emmanuel III qu'il serait facile, vu la disposition des esprits, de joindre la Corse à son royaume. Le roi de Sardaigne fit appel à l'Empire et à l'Angleterre et, sûr de l'appui de ces deux puissances, confia quelques troupes à Rivarola. L'amiral Taushend reçut de son côté l'ordre de soutenir la révolte ; il rejoignit Rivarola, et, tous deux ayant assiégé Bastia forcèrent le gouverneur Mari à capituler. L'insurrection devenait générale. Gaffori et Matra, que la défiance avaient retenus loin de Rivarola, voyant enfin en lui le défenseur de la cause commune, appelèrent à la révolte ceux des insulaires qui hésitaient encore.

Le 15 février 1746, le gouverneur Mari, à la faveur d'un soulèvement, rentrait à Bastia ; trahis, les plus notables des patriotes furent envoyés à Gênes pour y être jugés. Le major Gentile, l'avocat Marengo, Limperani, Rossi, Degiovanni, Raffaelli, Guasco, Morelli, furent condamnés à mort et exécutés. Les autres passèrent plusieurs années en prison. Rivarola tenta, mais en vain, de reprendre Bastia. Ses forces étant insuffisantes, il dut se retirer à San-Firenzo.

De là, il dépêcha au roi de Sardaigne, pour lui demander des secours, son neveu, l'abbé Zerbi. Cette missive fut sans résultat, cependant les Corses ne se laissent pas abattre. Le 7 juillet 1746, Gaffori chassait de Corte le gouverneur génois et réunissait une consulte en cette ville. La Corse se déclarait indépendante sous la protection des généraux Gaffori, Matra et Venturini. Il ne fut pas fait mention de Rivarola, invité, à la suite d'une assemblée générale, tenue à Orezza (15 décembre 1746), à se rendre en personne à Turin pour faire un nouvel appel au roi de Sardaigne. Comprenant que, par jalousie, les généraux voulaient l'éloigner et l'exclure du gouvernement, Rivarola refusa le mandat qui lui était confié, alléguant le mauvais état de sa santé. Toutes ces intrigues étaient ourdies par les Génois, qui parvinrent à détacher momentanément de la cause nationale le général Matra.

Intervention française. — Le roi de Sardaigne appuie la révolte des Corses. — Administration de M. de Cursay. — Les années 1746 et 1747 ne furent signalées par aucun événement important. Au mois d'octobre de cette dernière année, Rivarola, assiégé à San-Firenzo dut partir pour Turin sur un navire anglais, que l'amiral Bingh lui avait envoyé. Le 22 il arrivait à la cour de Sardaigne et y exprimait l'urgence absolue des secours promis par le roi. De leur côté, les Génois faisaient appel au roi de France, qui mettait à leur disposition quelques troupes commandées par M. de Cursay. Les Français débarquèrent au commencement de l'année suivante ; ce fut alors seulement que le roi de Sardaigne, par une convention passée à Turin, le 29 février 1748, s'engagea à fournir contre les Génois et les troupes françaises les secours qui seraient nécessaires. Il envoya 1.500 Austro-Sardes, sous la conduite du chevalier de Cumiana. Venturini, Gaffori et Matra se joignirent à lui et assiégèrent Bastia ; mais la vigueur déployée par Spinola, qui y commandait, et l'arrivée des troupes françaises, contraignirent les alliés d'abandonner le siège et de se retirer à San-Firenzo (28 mai 1748).

Cursay se contenta de fortifier Bastia, sans manifester à l'égard des Corses aucune disposition hostile. Le 12 septembre 1748, il signa un armistice avec Cumiana et, en peu de temps, il sut gagner la confiance des

Corses à un point tel que Gaffori, Venturini
et Giuliani, le chargeant des intérêts de la
nation, lui donnèrent leur signature au bas
d'une feuille en blanc, le laissant libre
d'arrêter comme il le voudrait les conditions du traité. Il déploya dans les négociations beaucoup de tact, et réussit à concilier
les intérêts de tous.

Pendant les quatre années qu'il resta
en Corse, « il gouverna l'île, dit Cambiaggi avec une grande sagesse ». Mais
s'il avait gagné les Corses, il s'était fait des
Génois autant d'ennemis. Ceux-ci intriguè-
rent auprès de M. de Chauvelin, ambassadeur du roi à Gênes, qui décida que le
temps était venu pour les Corses de rentrer sous la domination de la république.
Les conditions faites aux insulaires étant
à peu près acceptables, ceux-ci se soumirent (1) ; mais le gouverneur Grimaldi ne
put s'entendre avec Cursay et fit demander
son rappel au cabinet de Versailles, l'accusant de favoriser les projets d'indépendance

---

1. 1° La république entretiendra dans les villes une garnison aux frais des communes du royaume.

2° Le commissaire général résidera à Bastia et il aura la
direction des affaires civiles et militaires.

3° Trois évêchés seront toujours attribués aux nationaux.

des Corses. Cursay fut conduit à Antibes pour y attendre son jugement (1). Son arrestation irrita les insulaires et causa un soulèvement général.

Gaffori élu général. — Sa mort. — Evacuation de la Corse par les Génois. — Dès que les Français eurent quitté la Corse, une assemblée générale, réunie à Orezza, nomma Gaffori général de la nation. « L'esprit de Sampiero dit Gregorovius semblait revivre dans cet indomptable héros. » Luttant contre les mêmes ennemis, comme Sampiero, il abusa de son pouvoir, et fit pendre des Corses coupables seulement de reconnaître l'autorité de la république. Une conspiration s'ourdit dans la maison des Romei, ses ennemis

---

4° Les causes criminelles seront jugées à Bastia avec l'assistance de neuf assesseurs corses.

5° Les causes civiles seront jugées par deux assesseurs : un génois, l'autre corse.

6° Tous les juges, podestats et autres employés seront Corses.

7° Les nationaux pourront commercer avec toute puissance étrangère.

8° On pourra introduire dans l'île toutes les sciences et tous les arts.

1. Plus tard, le roi reconnut son innocence et le nomma lieutenant-général et gouverneur de Bretagne.

personnels : Le 3 octobre 1755, il périt dans une embuscade.

Le peuple, alors, s'assembla de nouveau et choisit pour généraux Tomaso Santucci, Pietro Frediani, le docteur Grimaldi, Tomaso Cervoni et Clémente Paoli, fils de Giacinto. Ce dernier, constatant la difficulté de faire taire toutes ces ambitions et toutes ces rivalités, attira adroitement les regards sur son frère Pascal Paoli, alors lieutenant au service de Naples, qui, n'ayant pas été élevé en Corse, se trouvait posséder sur ceux qui pouvaient prétendre au pouvoir l'avantage de ne pas susciter de jalousies.

Quant aux Génois, ils ne songeaient plus à attaquer. Le gouverneur Giuseppe-Maria Doria débarqua en Corse en 1754 avec des instructions modérées. Le grand Conseil y déplorait les sommes considérables dépensées en Corse depuis vingt-cinq ans, et avisait le gouverneur qu'il eût simplement à conserver les places fortes sans s'occuper d'étendre son autorité dans les campagnes en attendant des moments plus propices.

XXI

Pascal Paoli. — Rivalité de Paoli et de Matra. —
Gênes fait de nouveau appel à la France. —
Castres et de Vaux. — Antonio Colonna-Bozzi
dispute le pouvoir à Paoli. — Constitution de
Paoli, ses réformes. — Traité de Compiègne.
— Vues de Choiseul sur la Corse. — Gênes
offre asile aux jésuites chassés de France.—
Mécontentement de Louis XV. — Evacuation
de la Corse par les Français. — Traité de Versailles. — Invasion française. — Marbeuf et
Chauvelin. — Combats du Golo et de la Casinca. — Arrivée du Comte de Vaux.— Bataille
de Pontenuovo (1).

(1755-1769).

----

1. ARCHIVES : Gênes, Ajaccio, fonds cités au précédent chapitre. — Paris, Archives nationales, K. 1227, 1228, 1229 et
Q. 298.

SOURCES NARRATIVES : *Giustificazione*, etc. — *Ragguagli
dell' isola di Corsica*. — Cambiaggi, *Istoria del Regno di Corsica*. — Pommereul, *Histoire de l'île de Corse*.

RECUEILS. — Correspondance de Pascal Paoli, publiée par
Tomaseo, puis reproduite et complétée dans le *Bull. de la Soc.
des Sciences hist. de la Corse*.

OUVRAGES : Jacopo Doria, *Pasquale di Poali*. — Bartoli,
Pascal Paoli. — Renucci, *Storia di Corsica*. — Pajol, Rossi,
op. cit.

Pascal Paoli. — Rivalité de Paoli et de Matra. — Pascal Paoli était né à Stretta di Morosaglia, piève de Rostino, le 25 avril 1725. Il était fils de Giacinto Paoli et de Denise Valentini. Son père, exilé, l'avait emmené à Naples, où après avoir reçu une éducation soignée, il servit en qualité de porte-enseigne dans le régiment corse que le roi de Naples avait formé des bannis réfugiés dans ses états. Deux mois après son arrivée, dans une consulte tenue à Saint-Antonio della Casabianca, le porte-enseigne fut élu général des Corses (14 juillet 1755).

Il s'adjoignit un conseil d'état consultatif, composé de neuf membres, un par canton. Son premier décret (4 août 1755), défendit la vendetta ; un de ses parents, n'en ayant pas tenu compte, fut condamné et exécuté quoi que l'on eût fait pour obtenir sa grâce. « De toutes les vertus morales, disait Paoli, celle qu'on respecte le plus est la justice. Un magistrat faible devient la risée, un magistrat partial la haine du peuple. » Dès que l'on sut qu'il y avait une loi et un tribunal pour punir, on cessa de se faire justice soi-même. Du peuple corse c'était beaucoup obtenir.

Le premier adversaire que Paoli eut à combattre fut un ennemi personnel, Mario-Emmanuele Matra qui, jaloux de la popularité croissante de Paoli, prit prétexte de ce que le général avait refusé de grâcier un meurtrier, nommé Agostini. Santucci, à qui personnellement Paoli avait refusé la grâce d'Agostini, réunit les parents du banni, et avec le concours des Panzani, des Cattoni, des Colombani et des Santucci, dont les adhérents étaient en grand nombre, il fit élire Matra général.

La situation était grave pour Paoli ; pour comprimer le mal dès son principe, il marcha sur Alesani, où Matra l'attendait avec ses partisans. Les soldats de Paoli, inférieurs en nombre, furent taillés en pièces : ils tentèrent de s'emparer du couvent d'Orezza et essuyèrent une nouvelle défaite. Paoli comprit alors qu'il fallait s'adresser à la nation et fit appel aux habitants de la Terre-de-Commune. A sa voix, trois mille hommes environ répondirent. Habile politique, Paoli proposa alors à Matra de soumettre le différent à une consulte générale. Il savait que le refus certain de son adversaire augmenterait la légitimité des ses propres droits. Sûr alors de l'appui de l'opinion publique, disposant de forces supérieures à celles de l'ennemi, il le chassa d'Orezza, puis d'Alesani, et le força à se retirer à Aleria. Là, Matra reconstitue son armée, groupe autour de lui tous ses partisans et marche de nouveau sur Orezza ; mais il est battu par les Ciavaldini, qui gardaient les défilés conduisant au village ; puis Paoli, arrivant en personne avec son armée, le force à se renfermer dans Aleria.

Pendant ce temps, les Paolistes incendiaient les propriétés de Matra et celles de ses partisans. Exaspéré par sa ruine, réduit à ses seules forces, Matra se tourna vers l'ennemi naturel de sa patrie. Il s'embarqua pour Bastia (septembre 1755), et encouragé par les commissaires génois, passa à Gênes, où le sénat, saisissant avec empressement l'occasion qu'offraient les divisions des Corses de reconquérir le pouvoir, lui promit des secours. En effet, Matra, revenu à Aleria, où l'attendaient ses partisans, reçut un renfort de huit cents hommes (janvier 1756), avec lequel il recommença la guerre. Profitant d'un moment où Paoli se trouvait à Verde avec peu de troupes, il marche rapidement sur ce village. Paoli, prévenu à temps, comprend qu'il est téméraire d'engager les siens dans une lutte aussi disproportionnée : il se retire au couvent de Bozio, où il croit pouvoir attendre l'arrivée de Valentini, son secrétaire et son lieutenant ; mais aussitôt, Matra qui n'a pas perdu la piste de son ennemi, arrive et fait mettre le feu au couvent. Heureusement, Valentini accourt, engage avec les troupes génoises un combat meurtrier et reste maître du champ de bataille. Matra, blessé au genou, fut abandonné par les siens. Un coup de feu l'acheva. Il n'avait que 28 ans.

Gênes fait de nouveau appel à la France. — Castries et de Vaux. — Antonio Colonna-Bozzi dispute le pouvoir à Paoli. — Gênes, effrayée du dénouement aussi rapide qu'inattendu de la campagne de Matra, fit fortifier les villes qui lui restaient en Corse et appela à son aide la France, son alliée.

Le cabinet de Versailles, craignant que l'Angleterre ne s'entendît avec Paoli et ne devînt maîtresse de la Méditerranée envoya le marquis de Castries avec trois mille hommes (novembre 1756). Ce général montra beaucoup de modération et vécut en

bonne intelligence avec les nationaux ;
malheureusement, il fut bientôt rappelé et
remplacé par le comte de Vaux, qui déplut
aux Corses. Ils ne cherchèrent pas à dissi-
muler leur mécontentement à de Vaux, qui,
dès lors, sembla ne rien négliger pour provoquer les insulaires ; il ordonna des arres-
tations et des emprisonnements. Ses soldats
ayant tué quelques bergers, les parents de
ceux-ci attaquèrent un corps de troupes
françaises allant de Calvi à Algajola ; la
mêlée devint générale et coûta la vie à plusieurs officiers. Quoique Paoli eût fait punir
les coupables, le comte de Vaux, peu satisfait, continua de « tendre des embûches aux
Corses et de les molester dans leurs personnes et dans leurs biens ». De Vaux fut
remplacé peu après par M. de Blangis, qui
ne resta en Corse que peu de temps (1758).

En 1757, Paoli avait vu surgir un nouveau compétiteur dans la personne d'Antonio Colonna-Bozzi, agent secret de la
France, qui s'était fait élire général des
Corses d'Au-delà-des-Monts. Il marcha
contre lui, le battit et le contraignit à se
retirer à Ajaccio. Puis il tourna ses vues
sur le Cap-Corse, qu'occupaient encore les
Génois ; il les chassa de Rogliano et fit

construire la tour de Furiani, où une garnison de deux cents hommes intercepta les communications entre Bastia et San-Firenzo.

Constitution de Paoli. — Ses réformes. — Efforts des Génois pour lui aliéner les Corses. — Entre temps, Paoli dotait son pays d'une constitution libérale qui devançait celle de Washington et celle de 1791. Tous les Corses âgés de vingt-cinq ans furent appelés à se faire représenter aux *consultes* ou assemblées générales. Aucune loi ne pouvait être promulguée, aucun impôt levé sans assentiment de la *consulta*. La majorité devait être composée au moins des deux tiers des membres de l'assemblée.

Le pouvoir exécutif était entre les mains du général, assisté d'un *conseil suprême* composé de neuf membres, élus par les neuf provinces, et qui portaient le titre de conseillers d'état. Le conseil suprême pouvait annuler les décisions des consultes.

La justice était rendue par trois sortes de juridictions : celle des *podestats*, celle de la *province* et enfin au-dessus la *rotale civile* ou cour suprême. Les *syndics* pouvaient recevoir les plaintes contre l'administration de la justice et y faire droit. Leurs décisions étaient sans appel.

Paoli choisit Corte comme résidence. Il y créa une université pour l'instruction des jeunes Corses ; il établit à Campoloro une imprimerie d'où sortit la gazette officielle de l'île de Corse (*Ragguagli dell'Isola di Corsica*).

A Murato, il créa un hôtel des monnaies (Zecca) où furent frappées des monnaies d'argent et de cuivre aux armes de la Corse.

Devant les progrès de l'indépendance corse, Gênes ne savait plus quelle barrière élever. Elle chercha d'abord à détacher de Paoli quelques chefs éminents et à utiliser la haine ou la jalousie de ses compétiteurs. Le colonel Grimaldi, le colonel Martinetti, les Ciavaldini, les Matra, les Massoni, les Abbatucci, les Quenza, mécontents de Paoli à divers titres, prêtèrent l'oreille aux propositions qui leur furent faites ; mais les avantages offerts par la république ne se trouvant pas en rapport avec leurs ambitions personnelles, plusieurs d'entre eux déçus passèrent aux patriotes.

Traité de Compiègne. — Vues de Choiseul sur la Corse. — La république comprit enfin que si elle ne s'assurait de nouveau le concours de la France (1), il lui faudrait bientôt abdiquer toutes ses prétentions sur la Corse. Des négociations furent entamées avec le gouvernement français dans le but officiel de faire rentrer le peuple corse sous l'obéissance de Gênes. Le 7 août 1764, un traité fut signé à Compiègne ; le roi envoyait en Corse un corps de troupes pour conserver et défendre pendant quatre ans les places d'Ajaccio, de Calvi, de Bastia, de San-Firenzo et d'Algajola. Pour prix de ce service, Gênes renonçait aux deux millions empruntés par Louis XV pendant la guerre de Sept-Ans. Tout ce qui restait de pouvoir aux Génois était représenté par un administrateur résidant à Bastia, dont l'autorité était purement civile. L'entretien des troupes était à la charge du roi de France ; mais la république devait leur fournir le logement, le chauffage et le fourrage. Il était interdit aux troupes liguriennes de séjourner là où

---

1. Le ministère français était alors en pourparlers avec Paoli qu'il soutenait secrètement. L'acquisition de la Corse, par quelque moyen que ce fût, semble avoir été le but constant des ministres de Louis XV et notamment de Choiseul. *Archives du Ministère des affaires étrangères.* Correspondance du comte de Choiseul-Gouffier, ambassadeur près la Sublime-Porte, pièce 80.

seraient des régiments du roi. Le comte de Marbeuf fut donc envoyé en Corse avec six bataillons, dont deux sous les ordres de M. de la Tour-du-Pin, restèrent à Ajaccio, les autres furent tenir garnison dans les villes mentionnées par le traité. Toutes ces villes étaient d'ailleurs bloquées par les troupes corses. Paoli, se montrait disposé à reconnaître le protectorat français, mais avec de sérieuses garanties ; ses conditions étaient les suivantes : liberté entière de la Corse et de ses habitants, alliance offensive et défensive avec la France, participation au service militaire et maritime, traité de commerce exclusif des deux nations, tribut annuel de la Corse (1). Or ce programme était loin de répondre au desideratum de Choiseul. Il lui semblait humiliant de traiter avec Paoli, qu'il voulait bien ménager, mais à condition qu'il servît ses projets. Choiseul comptait beaucoup sur Buttafuoco, partisan convaincu du gouvernement français, auquel les Paolistes reprochèrent longtemps d'avoir eu le premier le dessein de réunir la Corse à la

---

1 . Ce qui était absolument incompatible avec le traité de Compiègne aux termes duquel les troupes françaises devaient garder la plus stricte neutralité.

France (1). Cependant, Marbeuf s'entendit avec Paoli ; ils arrêtèrent ensemble certaines conventions qui donnèrent plus de poids aux deux pouvoirs. Ces relations des Corses avec les continentaux modifièrent les mœurs des insulaires. On se plia aux règles de l'étiquette, on laissa de côté le drap corse pour se vêtir à la française ; on éprouvait le besoin de ne se montrer en rien inférieur à l'aristocratie de l'armée royale.

En 1766, Paoli tenta sur Bonifacio une entreprise qui ne fut pas heureuse ; cet échec fut compensé par la prise de l'île de Capraja, possession génoise depuis 1507, qu'envahirent cinq cents Corses, sous les ordres de Ristori et d'Achille Murati. Le gouverneur Bernardo Ottone fut forcé de se rendre, quoique les Génois, prévenus à temps, eussent envoyé des secours. Les bâtiments de la république durent rester

---

1. *Pommereul.* ouv. cit. D'autres Corses, dit-il, qui peut-être raisonnent avec plus de sang-froid croyant que M. de Buttafuoco a eu de bons yeux, qu'il a vu l'impossibilité où était le gouvernement national des Corses de se maintenir au milieu des puissances auxquelles cette île convenait, qu'il a bien calculé les possibilités et les événements et qu'il n'a fait enfin que s'associer au bonheur de son pays en cherchant à lui donner le seul maître qui lui convînt.

en mer, les Corses ayant rendu tout débarquement impossible (mai 1767).

Gênes offre asile aux Jésuites chassés de France. — Mécontentement de Louis XV. — Evacuation de la Corse par les Français. — Traité de Versailles. — Une imprudence des Génois accéléra la perte de l'île. A l'exemple du ministère français, celui d'Espagne venait de décréter l'expulsion des Jésuites. Gênes leur offrit asile justement dans les localités occupées par les troupes françaises. Ce procédé blessa la cour et l'ambassadeur de France exprima au sénat le mécontentement du roi. En même temps, l'ordre arrivait à Marbeuf de quitter immédiatement la Corse avec ses troupes. Aussitôt que Paoli eut reçu la nouvelle de cet ordre, il agit en conséquence, et à mesure que les Français évacuaient une ville, les Corses y entraient par une autre porte. Gaffori s'empara ainsi d'Ajaccio, Algajola fut également prise. Les dernières cités génoises allaient subir le même sort lorsque parvint à Paoli un avis du duc de Choiseul, lui rappelant que Sa Majesté s'était engagée à garder ces villes pendant quatre ans et que le terme n'était pas expiré. Paoli ouvrit les yeux, commençant à percevoir le système politique de l'habile ministre. Peu après, il n'était pas étonné d'apprendre qu'un traité, tenu secret quelques jours, avait été signé par le roi de France et l'ambassadeur de Gênes, Domenico Sorba, traité par lequel la république cédait la Corse à la France en échange de sa dette et d'une subvention extraordinaire de deux millions de livres. Gênes se réservait de reprendre sa souveraineté le jour où elle serait en état de rembourser les frais de conquête (15 mai 1768 (1). Le 15 août suivant devait être rendu l'édit de réunion.

Invasion française. — Marbeuf et Chauvelin. — Combats du Golo et de la Casinca. — Le 4 août, expirait le temps pour lequel la Corse était concédée à la France. M. de Choiseul n'attendit pas ; par son ordre, l'île était envahie dès le 24 juin, et le 5 juillet plusieurs régiments de troupes françaises débarquaient. On avait

---

1. « C'était, dit Voltaire, céder à jamais la Corse, car il n'était pas probable que les Génois fussent en état de racheter ce royaume et il était encore moins probable que, l'ayant racheté, ils pussent le conserver contre toute une nation qui avait fait serment de mourir plutôt que de vivre sous le joug des Génois. »

même songé à faire venir le Royal-Corse ;
Buttafuoco avait été chargé des négociations ; mais les officiers, à la tête desquels
se trouvaient le lieutenant colonel Marengo
et le major Rossi, s'y refusèrent absolument, objectant qu'ils s'étaient engagés à
servir la France, mais non à combattre
contre leur pays. Paoli, informé de la conduite de Buttafuoco le mit hors la loi, ainsi
que ceux des Corses qui servaient la cause
française. A la fin du mois de juillet, Marbeuf fit sommer Paoli de retirer ses troupes de la communication de Bastia à San-
Firenzo et n'attendit pas sa réponse pour
commencer les hostilités. Le Nebbio et le
Cap-Corse étaient en partie occupés par
l'armée française depuis un mois. Devant
cette invasion, Paoli en appelait à tous les
souverains de l'Europe. « Nous sommes
traités, écrivait-il à Vienne, comme un
troupeau de moutons vendus au marché. »
Dans une consulte générale de la nation,
il fut décidé que l'on résisterait à la
France et que l'on combattrait pour la
liberté. Paoli, espérait que les Anglais,
qui l'avaient toujours encouragé, ne ver-
raient pas tranquillement la France se sai-
sir d'une position aussi considérable dans

la Méditerranée. Ce qui était un espoir pour Paoli avait été une crainte pour le ministère qui, dans la rédaction du traité, avait donné à la cession de la Corse cette forme de nantissement et toutes les apparences d'un traité provisoire.

Le 28 août, M. de Chauvelin, qui venait de débarquer à Bastia avec 10.000 hommes. fit publier l'édit du roi touchant la cession de la Corse, et deux ordonnances qui enjoignaient aux insulaires de se reconnaître sujets du roi de France. Devant le peu de succès de ses proclamations, il résolut d'employer une argumentation plus positive et recommença la guerre avec une nouvelle vigueur. Les troupes françaises envahirent le Nebbio ; mais, arrêtées par Saliceti et Ristori devant Furiani, ce ne fut qu'après quinze jours de lutte qu'elles purent envahir le territoire de ce village, réduit littéralement en cendres. Après un combat sanglant au pont de Golo, la Casinca fut prise par les Français (8 septembre) et reperdue presque aussitôt. Les envahisseurs ne pouvaient se maintenir dans leurs conquêtes ; le général de Grandmaison était obligé de s'enfuir de Murato à Oletta, abandonnant ses munitions et ses bagages.

Voulant profiter de la division des troupes françaises — obligées de se disperser pour conserver les positions que dans leur ensemble elles avaient acquises, — Paoli fit attaquer sur deux points Borgo, village occupé par le colonel de Ludre, avec sept cents hommes. Pour empêcher toute jonction des corps d'armée français, il chargea son frère, Clémente Paoli, d'arrêter M. de Grandmaison, et se réserva cinq cents hommes pour soutenir les points faibles. De part et d'autre, on fit des prodiges de valeur ; en vain Chauvelin et Grandmaison tentèrent-ils de rompre la barrière de fer qui les arrêtait, en vain le colonel de Ludre essaya-t-il plusieurs sorties pour joindre l'armée : il fut forcé de capituler. « Le comte de Marbeuf, dit Pommereul, reçut un coup de fusil dans l'épaule, plusieurs officiers furent tués, un grand nombre furent blessés, et plus de trois cents soldats restèrent sur la place. Le marquis de Chauvelin ordonna enfin la retraite. M. de Ludre crut qu'il ne lui restait plus qu'à capituler et en fit la proposition aux Corses qui ainsi firent prisonniers sous les yeux de l'armée française cinq cents hommes et leur commandant. » Les Corses ne perdirent que peu des leurs en cette journée « extrêmement glorieuse pour eux (septembre 1768) ».

Dès que les défaites de la Casinca et du Borgo furent connues à Versailles, on dit que Louis XV décida le rappel immédiat des troupes, et que Choiseul ne put le faire revenir sur cette décision qu'en lui montrant quelle honte résulterait pour la France d'une semblable retraite.

Voyant qu'ils ne réussissaient pas par la force, les officiers français essayèrent de se ménager des intelligences parmi les nationaux à prix d'argent. Quelques-uns se laissèrent tenter ; **un** abbé Fabiani offrit de livrer Paoli à Dumouriez, alors officier d'état-major, mais il échoua dans son dessein et en fut la première victime. Un autre Corse, secrétaire de Paoli et fils du grand chancelier Matteo Massesi, conspira contre le général qu'il s'engagea à remettre entre les mains des Français. Le complot fut découvert. Paoli, bien qu'à regret, l'abandonna à la rigueur des lois. Massesi fut condamné à mort et exécuté.

De nouvelle troupes arrivèrent en Corse au commencement d'octobre 1768. Pendant plusieurs mois, Paoli ne cessa de harceler l'armée française. Dans la nuit du 13 au

14 février 1769 il se jeta sur le poste de Barbaggio et s'empara des six compagnies du régiment de la Marck qui y résidaient. Mais, assailli à son tour par Marbeuf, Paoli fut obligé de se replier dans les montagnes après avoir essuyé des pertes importantes.

Arrivée du comte de Vaux. — Dispositions décisives.—Bataille de Pontenuovo.— Les troupes commandées par de Vaux, débarquèrent à San-Firenzo au commencement d'avril. Les forces françaises consistaient dans quarante-cinq bataillons d'infanterie, trois régiments de cavalerie et plusieurs compagnies d'artilleurs, d'ouvriers du génie et de sapeurs. Un corps de *vittoli*, sous les ordres de Buttafuoco, Agostini, Matra et Antonetti grossissait encore l'armée royale. De nouveau, Paoli convoqua une consulte générale dans laquelle il fut décidé que tous mourraient jusqu'au dernier plutôt que d'accepter le nouveau joug qu'on voulait leur imposer. En conséquence une levée en masse de tous les insulaires fut encore décidée (26 avril 1769).

Le 26 avril Paoli passa la revue de ses troupes en présence de lord Pembrock et de l'amiral Smittey. Dans les rangs de l'armée corse combattaient deux compagnies de Suisses et de Prussiens qui, après avoir été faits prisonniers, s'étaient ralliés à leurs vainqueurs.

Avant de commencer la campagne, M. de Vaux réunit tous les officiers : « Messieurs, leur dit-il, le roi m'a chargé de vous dire qu'il est très mécontent de son armée, dont plusieurs officiers ont eu la lâcheté de signer des capitulations. Je defends qu'à l'avenir aucun officier en détachement se serve de plume ou de papier. Le roi a singulièrement désapprouvé la suspension d'armes, c'est une tache imprimée sur nos drapeaux, j'espère que nous parviendrons à la laver. » Tel était, dit le général Pajol, le comte de Vaux, fort instruit, parlant peu et difficilement ; mais en particulier très aimable et ayant toutes les formes des vertus antiques. Il entreprit la campagne en véritable tacticien et montra par la disposition habile de ses troupes qu'il connaissait le pays. Le 27 et le 28 avril, il prépara des mouvements pour la concentration de l'armée dans la plaine d'Oletta. Le 1er mai il rassemblait toutes ses forces dans le Nebbio où Paoli avait installé son quartier-général ; Marbeuf occupa Rovino ; Grandmaison, Oletta. Pendant deux jours, les armées restèrent en présence, semblant craindre de s'attaquer. Le 3, les Français ouvrirent la campagne par une décharge générale d'artillerie, croyant ainsi impressionner les masses. Paoli se contenta de mettre les siens hors de la portée des pièces françaises. Le 4 mai, une tentative des Français sur Rapale, défendue par les braves capitaines Colle et Relone, n'obtint aucun résultat.

Le 5 au point du jour, toute l'armée française se mit en marche à dix heures du matin, les troupes étaient rassemblées sur le plateau de San-Nicolao. Paoli, obligé d'abandonner Murato, transporte son quartier général au delà du Golo. Le 6 au soir, M. de Vaux donnait l'ordre de porter l'armée entière à Lento ; ce qui s'exécuta facilement. Le 7, les Corses après une défense opiniâtre étaient chassés du col de Tenda. Le 8, le lieutenant-colonel Geoffre, chargé de faire diversion, partait de Calvi pour incendier le village de Calenzana, faire retraite devant les Corses et les attirer jusqu'en deçà d'une embuscade où on espérait les accabler. Il attaqua le petit hameau de Mocale qu'il incendia.

Alors la lutte devint générale. Paoli fait repasser le Golo à deux mille hommes qui attaquent imprudemment les troupes françaises ; mais toute l'armée royale se lève à la fois et les Corses repoussés de colline en colline, gagnent le pont en désordre en criant « Trahison ! » En vain Gentili tente de rétablir l'ordre.

Les Corses engagés sur le pont trouvaient la mort des deux côtés. Paoli selon les uns, Gentili suivant les autres avait barré le pont sur la rive droite par un mur en pierre sèche, n'y laissant qu'un très petit passage. La défense de ce mur avait été confiée à des déserteurs allemands et français, auxquels l'ordre fut, dit-on, donné de tirer sur tous ceux qui tenteraient de forcer le passage. Sans pouvoir ni fuir ni se défendre, les insulaires sont massacrés. « Quatre mois après ce combat, dit Pommereul, le pont était encore couvert de sang coagulé et l'on rencontrait dans les campagnes et les rochers éloignés, des Corses qui étaient allés mourir de leurs blessures devant le champ de bataille. »

Cette défaite, qui entraînait la soumission

des territoires les plus habités de la Corse,
fut le coup de mort de la nationalité corse.
Si les généraux continuèrent leur marche,
ce ne fut que pour se montrer aux populations et recevoir au nom du roi leurs
serments de fidélité. M. de Vaux avait
ordre du duc d'accueillir avec bienveillance tous ceux des Corses qui voudraient
se rallier au gouvernement français. Il était
autorisé à leur offrir des charges, des grades
et des honneurs. Dans de telles conditions
la conquête devenait facile. Paoli, à grande
peine, avait pu réunir trois ou quatre cents
hommes au couvent de Rostino. Le 15 les
Français qui avaient passé le Golo s'emparaient de la place. Le 20 ils étaient à
Omessa. Le 22 la ville de Corte capitulait.

Dès le 20, Paoli s'était retiré. Le 6 juin,
il était à Bastelica, le 8 à Quenza, le 12 à
Porto-Vecchio où il s'embarqua sur un navire de l'amiral Smittey. Abbatucci, Or-
nona, Roccaserra et le vicaire de Guagno
luttaient encore dans l'Au-delà des Monts.

*
* *

L'histoire politique de la Corse est désormais étroitement liée à l'histoire nationale.
Le plan de ce livre ne comporte pas les
détails qui signalèrent son évolution depuis

l'annexion française. En 1789, Paoli fut rappelé de l'exil et préposé au commandement de la 23e division. L'insuccès d'une expédition en Sardaigne, attribuée à la mauvaise volonté des milices corses fit appeler Paoli à la barre de la Convention. Il refusa de s'y rendre et offrit la Corse à Georges III roi d'Angleterre (1794). Les Anglais possédèrent la Corse pendant deux ans. En 1796, les succès de Bonaparte ralliant les insulaires à la cause française, les généraux Gentili et Casalta n'éprouvèrent aucune peine à pacifier la Corse réunie cette fois définitivement à la France.

TABLE DES MATIÈRES

Imp. Bonvalot-Jouve, 15, rue Racine, Paris.

www.ingramcontent.com/pod-product-compliance
Lightning Source LLC
Chambersburg PA
CBHW061436060726

47597CB00002B/355